오늘도 차별,
그래도 삶

시각장애인을 위한 표지 해설

표지로 쓰인 작품은 정은혜 작가가 2020년에 그렸다. 정은혜 작가는 발달장애인 배우이자 화가로, 2016년부터 문호리 리버마켓에서 무려 4천 명이 넘는 사람들의 캐리커처를 그려 주었다. 저자와 정은혜 작가는 어릴 때부터 알고 지냈던 터라, 표지에 쓰인 그림을 그릴 때도 거리감 없이 편하고 자유로웠다. 작품의 원래 크기는 가로 195센티미터, 세로 270센티미터다.

그림 속 김효진은 왼쪽을 보고 있는데 머리는 짧은 커트다. 뿔테 안경을 쓰고, 재킷을 입었다. 재킷 왼쪽 칼라 부분에 세월호 참사를 잊지 않겠다는 노란 리본 상징이 있다. 재킷 속에 입은 셔츠의 단추는 네 개인데 맨 위 단추만 잠그지 않았다. 의자에 앉아 있는데, 손에는 무릎 위에 놓인 가방을 잡고 있고, 바지를 입었다.

제목은 왼쪽 아래 적혀 있고, 제목 왼쪽 아래에는 이후출판사의 로고가 있다.

이 책이 오디오북이나 점자 도서로 만들어질 때 표지가 어떤 모습인지 보지 못할 분들에게 알려 드리고 싶어 짧은 설명을 덧붙인다.

오늘도 차별,
그래도 삶

장애 공감 지수 높은 사회로 가는
장애 내비게이션

김효진 지음

이후

다른 몸을 감각하고 상상하는 즐거움

만약 완전히 눈이 보이지 않는 사람들만 사는 나라가 있다면, 그 나라는 어떤 모습일까? 사람들은 어떤 집에서 살고, 어떤 요리를 먹을까? 그 나라의 상징은 무엇일까? 법은 어떻고, 의사소통 수단은 어떻게 될까? 그리고 예술이 있다면, 예술은 어떤 모습일까? 이런 주제에 대해 상상해 볼 기회는 좀처럼 드물다.

2023년에 〈한국장애인문화예술원〉에서 주최한 "보이지 않는 나라를 디자인하기" 워크숍에 참가했다. 장애를 갖고 살아가는 사람들의 몸의 경험에 대한 연구를 주로 하고 있는 일본의 이토 아사 박사가 진행을 했다. 워크숍은 두 번에 걸쳐 진행되었다. 첫 번째 워크숍에서는 건축, 교육, 법과 에티켓, 음식, 정치 분야로 나뉘어 각 분야별로 그룹 토의를 하면서 다양한 상상력을 발휘해 보았다. 처음으로 보이지 않는 사람의 입장에서 무겁지 않게 상상해 볼 수 있었던 시간이었다.

두 번째 워크숍에서는 각 그룹에 속해 있던 전문가들이 첫 번째 워크숍 때 나온 아이디어를 발전시키거나 새로운 아이디어로 발표를 했다. 정치 분야 발표를 맡았던 나는 보이지 않는 나라의 대중교통 수단에는 어떤 장치가 필요할까 궁리해 보았다. 그래서

'버스 승차 음성 안내 서비스'를 도입하자는 대국민 홍보 캠페인을 제안했다. 장애인도 대중교통을 이용할 수 있어야 한다는 점에 대해 알리고 싶었다.

현실 세계에서 시각장애인들은 버스를 타려고 할 때 난관에 부딪힌다. 음성으로 안내하는 정류장이 있기는 하지만, 여러 대가 한꺼번에 도착하는 경우에는 다른 사람의 도움 없이 어떤 버스를 타야 할지 알기 어렵다. 버스마다 자체 알림 방송을 해서 몇 번 버스라고 알려 주면 편리해질 텐데 아직 편의가 제공되지 않고 있어서다.

보이지 않는 사람들의 나라라면 버스 승차 안내 서비스가 당연히 마련되어야 했다. 캠페인은 피켓, 현수막 등 보이는 수단이 아니라 음성으로 진행하기로 했다. 서명 운동은 어떻게 해야 할까? 시각장애인에게 자필 서명은 또 하나의 장벽이니까. 서명은 사인을 하거나 도장, 음성 녹음 등 보이지 않는 사람이 원하는 다양한 방식으로 하자고 제안했다. 참여자들의 반응이 괜찮았다. 시각장애인이 버스 탈 때 그렇게 힘들고 위험한지 몰랐다며 공감할 수 있게 됐다고 말해 준 참여자가 있었다. 자신은 무엇을 하면 좋겠느냐며 실천 방안에 대해 질문한 참여자도 있었다.

워크숍 참여자 대부분은 보이지 않는 나라를 느리게 천천히 움직이는 사회, 서로를 배려하는 공동체로 상상하고 있었다. 보이지 않는 사람들로만 구성되어 있다면 첨단 정보기술이 더 많이 필요하고 기술력도 충분한데, 꼭 따뜻한 공동체여야 할까 싶기도 했다. 우리가 만들어 갈 미래 세상 속에도 장애인은 여전히 배제되어 있으면 어쩌나 하는 두려움이 밀려들었다.

하지만 장애가 주제인데도 비장애인 참여자가 더 많았던 데서는 희망을 보았다. 미학과 예술을 매개로 한 워크숍이어서 그랬을 거다. 그리고 우리 사회 구성원들에게 '인권'이, 무엇을 해야 한다거나 해서는 안 된다는 당위와 강제로 받아들여지기보다 장애를 갖고 있는 몸과 함께 살아가기 위해 함께 찾아 나가는 답이 될 수 있다면 지금보다 훨씬 나은 세상을 기대해도 좋겠다는 생각이 들었다. 비장애 중심의 사고와 환경을 정답이자 결론으로 정해 놓고 정상이라는 범주에서 벗어나 보이는 수많은 다양성을 차별하고 배제하는 사회 속에서 숨 막히는 하루하루를 살고 있는 사람들은 의외로 많으니까.

장애는 그야말로 수많은 다양성 중의 하나다. 나는 장애와 젠더, 노년이라는 다양한 조건을 갖고 이 숨 막히는 획일주의 문화, 불평등한 문화가 지배하는 폭력적인 세상을 살고 있다. 하지만 불행하거나 고통스럽기만 한 것은 아니다. 장애를 포함해 다른 몸을 감각하고 상상하는 것은 낯설지만 즐거운 일이기 때문이다.

이 책은 특히 장애를 갖고 있는 여성으로서의 경험 서사다. 장애 여성으로서 어떻게 환경과 상호작용해 왔는지를 보여 줄 수 있는 글들을 주로 담았다. 이를 통해 우리 사회의 장애 문화와 구성원들이 갖고 있는 장애에 대한 태도를 비평적으로 들여다봤다. 장애와 비장애 사이에 엄연히 존재하는 권력 관계와 차별에 대해 집중해서 다뤘다. 차별은 어쩌다 발생하는 특별한 사건이 아니라 우리 사회에 만연해 있는 미묘하고도 일상적인 것이기 때문이다.

이 책을 마흔둘이라는 젊은 나이에 세상을 먼저 떠난 후배 현희에게 바친다. 그는 내가 가장 아끼는 장애 여성이자 신경 다양인이었으며, 내 책을 가장 꼼꼼히 읽고 좋아해 준 최고의 독자였다. 다음 세상에서는 그의 장애가 여러 다양성 중 하나로 존중받을 수 있을 것으로 믿는다. 그리고 이 책을 독자들에게 건네기 위해 고심한 편집장님께 깊이 감사드린다. 최종 탈고를 하고 보니 그가 옳았다. 글쓰기 앞에서 더 겸손해져야겠다.

2024년 5월
김효진

차례

책 속 부록

오늘도

차
별,

그래도 삶

왜 장애인만 보면 가르치려 들까?

지금 아파트로 이사 온 것은 2008년이었다. 입주 초기, 엘리베이터에서 자주 만난 어르신이 있었다. 그분은 12층에 살고 있었는데, 담배를 피우러 하루에도 몇 번씩 엘리베이터를 타는 눈치였다. 그분은 나를 볼 때마다 이런저런 말을 건네곤 했다.

"어디 가요?"

"네, 일하러 가요."

"아니, 왜 일을 하러 다녀요?"

이건 무슨 소린가? '왜 일을 하나요? 다들 일하며 살지 않나요?' 속으로만 생각했다.

"나라에서 돈도 많이 나올 텐데, 왜 힘들게 돌아다녀요?"

아, 그런 뜻이었구나……. 그제야 이해가 되었다. 장애인들은 모두 나라에서 먹여 살리는 줄 알고 계셨던 모양이다. 정부 지원 없이, 세금 꼬박꼬박 내며 살고 있는 장애인도 많다는 걸 모를 수 있겠구나 싶었다. 문제는 그 다음이었다.

"돈 받는 거 없어요. 저희는 기초생활수급자가 아니거든요."

"에이, 그럴 리가요. 나라에서 돈이 많이 나온다던데…… 그 집은 둘 다 장애인이잖아요. 그러면 돈이 엄청 많이 나올 텐데……"

몇 번이나 아니라고 해도 도무지 믿으려 하지 않았다. 오히려 뭘 모르는 나를 답답하게 여기는 듯했다. 어르신은 만날 때마다 같은 질문을 했다. 그리고 내가 무슨 말을 하든 계속 답답하다는 듯 혀를 찼다.

"그 몸으로 일 다니는 게 힘들어 보여 그렇지."

"힘들어도 일은 해야죠."

대화는 늘 평행선이었다. 어르신이 보기에 우리 부부는 나라에서 주는 돈 받으며 편히 살 수 있는데 헛고생하는 장애인들이었다. 고생하지 않고 편히 살 수 있는 방법을 알려 주는데도 못 알아듣는다고 생각하셨던 것이다. 생각해서 말해 주는데 들은 척도 하지 않는 고집불통으로 보였을지도 모르겠다. 나중에 듣자 하니, 어르신은 남편에게도 같은 질문을 계속했다고 한다. 왜 그토록 우리 부부에게 집요했을까? 우리에 대해 잘 알지도 못하면서.

우리를 보면 자꾸만 뭔가를 가르쳐 주려는 이는 또 있었다. 얼마 전 장애인 바우처 택시를 탔을 때 일이다. 휠체어를 사용하지 않는 중증 장애인이 이동할 때, 지자체가 협약을 맺은 민간 택시

회사 차량을 이용할 수 있다. 지자체에서 택시 요금의 일부를 지원해 줘 서울시의 경우 5킬로미터까지는 1,500원, 9~10킬로미터는 2,900원, 20킬로미터는 3,600원에 이용할 수 있다. 카카오 택시만큼은 아니지만 휠체어 사용자들이 주로 이용하는 장애인 콜택시보다는 훨씬 잘 잡혀서 가끔 이용하고 있다. 서울과 경기, 강원, 부산 등 대도시에서 시작해 조금씩 확대되어 가고 있는 바우처 택시는 대기시간이 긴 장애인 콜택시를 보완하는 수단으로 자리잡아 가고 있는 중이다. 단, 중증 장애인만 이용할 수 있고 이용 횟수에 제한이 있다. 얼마 전 제주도에 갔을 때도 장애인 바우처 택시를 종종 불렀는데, 아무리 먼 거리도 4,000원을 넘지 않아 여행 내내 즐겁게 이용했다.

모임을 마치고 바우처 택시를 불렀던 어느 날이었다. 마침 비가 내리는 거다. 비를 피해 건물 안 입구에서 차를 기다렸다. 양쪽 목발을 짚은 채로 우산 접고 어쩌고 하는 것보다는 우산 안 들고 기다리다가 차에 바로 타는 게 빠를 것 같아서다. 곧 도착한다는 기사님 전화를 받고 얼른 길로 나섰다.

"바우처 택시 자주 안 타시는 모양이에요?"

택시를 타자마자 기사님이 물었다.

"가끔 이용하는데요. 왜요?"

"바우처 택시 기사하고 친하게 지내려면 어떻게 해야 하는지 제가 알려 드리지요."

굳이 친하게 지낼 필요가 있는지 모르겠는데, 기사님은 내 뜻과는 상관없이 말을 이어 갔다.

"먼저, 택시 기사한테 반갑게 인사부터 해 보세요. 기사님~ 부르지 말고, 아버님~ 하고 부르면 서로 얼마나 기분 좋습니까."

아버님이라고? 기사님이라고 부르는 게 낮춰 부르는 건가? 나보다 나이도 그렇게 많아 보이지 않는 분이 아버님 소리는 왜 듣고 싶은 건지? 나보다 어린 장애 여성이었다면 기사님의 그런 이야기가 훨씬 더 불편하게 느껴졌을 것 같았다. 장애 남성 승객에게도 아버님이라 부르라고 할까? 내 기분과 상관없이 아무튼 기사님은 자기 이야기를 이어 갔다.

"그리고 택시 도착하기 전에 길에 나와 있는 게 좋아요. 일반 콜택시와 다르게 이 바우처 택시는 먼 거리에서도 오는 거 알지요? 오늘도 콜 받고 멀리서 왔는데, 나뿐 아니라 바우처 택시 기사분 대부분이 그럴 거예요. 그러니 미리 나와 있는 게 예의겠지요?"

장애인 콜택시는 10분 정도 기다려 준다. 바우처 택시는 그 정도까지는 기다려 주지 않는다. 비가 오니 건물 아래에서 기다렸던 것이고, 전화를 받자마자 바로 길로 나섰다. 기다리면 얼마나 기다렸다고 예의 운운하는지.

"그리고 기사한테 이 길로 가라, 저 길로 가라 하지 마세요. 어떤 길이 가장 빠른지 더 잘 아는 건 기사니까."

묻지도 않은 걸 알려 준다며 일장 훈시다. 그게 끝이 아니었다.

"제가 장애인 손님들하고 참 잘 지내요. 그럴 수밖에 없는 게

나도 장애인이거든."

그러면서 사고로 어떤 장애를 얻었는지, 죽을 뻔했던 사고 이야기부터 지금 얼마나 잘, 그리고 열심히 살고 있는지 끝도 없이 이야기했다. 계속 듣고 있기 힘들었다. 그 일방적인 훈시와 자기 과시라니. 중요한 통화를 해야 한다는 말로 겨우 말을 끊었다.

왜 사람들은 장애인만 보면 가르치려 들까? 남자들이 여자만 보면 계속 가르치려 드는 것과 비슷한 맥락이 아닐까 싶다. 맨스플레인mansplain이라는 말 들어본 적이 있으실 거다. '남자man'와 '설명하다explain'가 합쳐진 단어인데, 이 단어는 문화비평가 리베카 솔닛Rebecca Solnit이 2008년 『LA타임스』에 기고한 에세이 「설명하는 남자들Men who explain things」에서 소개한 일화에서 비롯됐다. 솔닛이 파티에서 우연히 만난 한 남자가 최근 자신이 접한 '아주 중요한 책'에 대해 거드름 피우며 장광설을 늘어놓았다고 한다. 그런데 알고 보니 책이 아니라 서평을 읽은 것에 불과했다. 게다가 그 사람이 열심히 설명하던 바로 그 책을 쓴 사람이 바로 솔닛이었다.

이 일화는 많은 사람에게 공감을 얻게 되었다. 여자 앞에서 거들먹거리거나 잘난 체하는 태도로 무언가를 가르치는 남자의 태도가 일부에게만 나타나는 현상이 아니라는 공감대가 형성되었던 것이다. 그런데 어디 여자에게만 설명을 할까? 그들은 같은 남자들도 가르치려 들 뿐 아니라 나이 어린 사람에게는 더욱더 설명을 하려 든다. 그렇다면 장애인에게는 어떨까? 세상 모든 사람들이 장애인만 보면 가르치려 든다. 장애인을 '돌보고 보살펴야 하는' 여성, 혹은 어린이의 자리에 두고 '가르쳐 줘야 하는 미숙한 대상'으로 보기 때문이다.

우리가 살고 있는 비장애 중심 사회에서 장애인은 비정상으로 분류되며 열등하고 무능력한 존재로 취급되고 있다. 장애인 교육률이 낮은 건 사실이다. 그러나 그것은 교육 차별의 결과 때문이지, 장애인이 그 자체로 모자라거나 결함이 있어서는 아니다. 그런데 장애인에 대한 뿌리 깊은 차별의식 때문에 장애인만 보면 뭔가 가르쳐 주고 싶어하는 사람들이 주변에 늘 있다. 장애인들은 일상에서 수시로 만나는 그런 '오지라퍼', '꼰대'들 때문에 하루하루가 팍팍하다. 어쩌면 차별은 아주 사소해 보일 수 있는 것들 속에서 너무도 빈번하게 일어나는 일이어서 이렇게 날마다 끈질기게 장애인의 삶을 뒤흔들고 있는 것이다.

지하철에서 장애인에게 말 거는 사람들은 왜 또 그리 많은지 모르겠다. 안면 장애를 갖고 있는 후배 복순은 왜 수술 안 하냐, 텔레비전에서 보니 이런 방법이 있더라 하며 굳이 알려 주는 사람들을 자주 만난다. 장애인은 모자란 사람이다, 그러니 뭘 몰라서 수술하지 않았을 거다, 섣불리 판단하는 것이다. 가르치고 싶어 몸살이 나는 것이다. 그런데 그는 이미 여러 차례 수술을 받았으며, 수술 후유증으로 외려 장애가 더 심해진 장본인이었다. 만나는 사람마다 일일이 치료와 수술 이력을 공개하기도 곤혹스러운 일이 아닐 수 없다. 그러니 누가 봐도 한눈에 알아볼 수밖에 없는 장애만 아니라면 차라리 장애를 숨기고 살아가고 싶어하는 것이다.

충고는 상대가 원할 때 하는 것이다. 그러니 충고를 하고 싶거든 반드시 동의를 받고 해 주시라. 상대가 원치도 않는데 이러쿵저러쿵 하는 것은 지적질이자 꼰대질일 뿐이다. 장애인이 만만하니까 얕잡아 보고 가르치려 드는 것이다. 허나 장애인은 당신들이 마음대로 생각하는 것처럼 그리 만만한 존재가 아니다. 장애를 갖고 있다는 한 가지 조건이 우리를 설명하는 전부가 아니기 때문이다. 장애인 역시 장애라는 한정된 범주와 한정된 경험만으로는 설명할 수 없는 복잡성과 다양성을 지닌 존재다. 그러니 이 장애라는 차이가 다른 모든 세상을 지배하는 권력들과 어떤 식으로 복잡한 관계를 맺고 있는지에 대해 좀 더 겸손하게 접근할 일이다. 가르치려 들지 말고 배우려 하는 게 더 나을 거라는 말이다.

장애인도 당신만큼 똑똑하다

세상 모든 사람들이 장애인만 보면 가르치려 든다. 장애인을 '돌보고 보살펴야 하는' 여성, 어린이의 자리에 두고 '가르쳐 줘야 하는 미숙한 대상'으로 보려 하는 것이다.

우리가 살고 있는 비장애 중심 사회에서 장애인은 비정상으로 분류되며 열등하고 무능력한 존재로 취급된다. 장애인 교육률이 낮은 건 사실이다. 그러나 그것은 교육 차별의 결과 때문이지, 장애인이 그 자체로 모자라거나 결함이 있어서는 아니다.

> **"장애인에 대해 가장 잘 아는 전문가는 바로
> 장애를 갖고 있는 사람들 자신이다. 장애인 입장으로
> 관점을 바꾸면 의외로 배울 것이 많아진다."**

싸고 싶을 때, 어디서나 편하게

할아버지 등에 업힌 채 초등학교에 입학을 했다. 업혀서라도 학교에 다닐 수 있었던 건 행운이었다. 그 무렵 목발을 사용하기 시작했지만 혼자서는 몇 발자국밖에 걷지 못했다. 당연히 화장실은 엄두도 못 냈다. 그래서 수업을 마칠 때까지 그저 참을 수밖에 없었다. 그나마 저학년 때는 점심시간 전에 수업이 끝났기 때문에 대체로 참을 만했다. 그런데 할아버지가 가끔 늦는 날이면 낭패였다. 아이들이 모두 돌아간 빈 교실에서 하염없이 할아버지를 기다려야 했다.

그날도 역시 수업을 마치고 홀로 할아버지를 기다렸다. 한참이나 빈 교실에 동그마니 앉아 있자니 담임 선생님이 물었다.

"니 아직도 집에 안 갔니?"

"할아버지가 아직 안 오셔서요."

"그래? 왜 안 오실까? 시간이 꽤 지났는데…… 화장실에 안 가도 되니? 데려다 줄까?"

화장실은 교실 밖에 있었다. 사실 가고 싶었지만 선생님이 어려워서 화장실에 같이 가 달라고 하지 못했다. 그래서 괜찮다고 대답했다. 곧 할아버지가 오시니까 조금만 참으면 되려니 여겼다. 하지만 기다려도 기다려도 할아버지는 오지 않았다.

시간이 흘러 더 이상 참지 못하고 오줌을 쌌다. 이루 말할 수 없이 초라하고 참담해서 눈물이 나왔다. 교무실에 갔다가 반장과 함께 돌아온 선생님은 당황했다. 선생님은 괜찮다 하시며 서둘러 바닥과 의자를 치워 주었다. 설마 그 시간까지 교실에 남아 있을 줄 몰랐다며, 미안하다 하셨다.

드디어 나타난 할아버지는 선생님께 연신 죄송하다고 하시고는 "아, 이 녀석아! 울긴 왜 울어! 이렇게 할애비가 왔는데……. 이제 집에 가자!"며 등을 내밀었다. 낮술에 얼큰하게 취한 할아버지에게 내 젖은 엉덩이쯤 아무렇지도 않은 듯했다. 할아버지 등에서 흐느끼며 교문을 빠져나올 무렵 반장과 마주쳤다. 나는 반장의 눈을 똑바로 쳐다볼 수 없어 할아버지 등에 더욱 얼굴을 파묻었다.

"이 오줌싸개!"

반장 입에서 튀어나온 말이었다. 그런 놀림쯤 수도 없이 당해 왔다. 누군가의 등에 업혀 길을 지나노라면 '다리 병신', '절름발이'라고 놀리면서 냅다 달아나는 동네 아이들이 늘 있었다. 하지만 그 애들은 대체로 꾀죄죄하고 껄렁한 아이들이었다. 그리고 자신들이 떳떳하지 않다는 걸 잘 알고 있기에 하나같이 쭈뼛거리거나 뭔가 켕기는 듯한 태도였다. 그런 아이들의 비굴한 웃음은 개의치 않을 수 있었건만, 너무도 반듯해 보였던 반장에게 놀림을 당하니 충격이 컸다.

"예끼, 이놈!"

할아버지는 큰소리로 호통을 쳤다. 반장은 냅다 도망을 쳤다.

"어허! 저런, 못된 놈이 있나!"

놀란 가슴은 쉽게 진정되지 않았다. '오줌싸개!'라는 반장의 목소리가 귓가에 계속 맴돌았다. 조금만 더 참을걸, 어쩌다 그런 실수를 했는지, 스스로를 자책했다. 그리고 그날 이후 다시는 실수하지 않았다. 참고 또 참는 게 습성이 되어 버렸다. 잘 참고, 오래참는 것만이 살 길이었다.

비장애인에게 화장실 문제는 최우선 순위가 아닐지 모른다. 지극히 사소한 일상으로 여겨질지도. 언제든 필요할 때, 현재 있는 장소에서 화장실을 사용하는 것이 당연하고 자연스럽다. 그러나 장애인들은 장애인을 위한 편의 시설이 갖춰져 있지 않으면 화장실을 쓸 수 없고, 그것이 사회 활동을 제약하는 원인이 된다. 학교에 다니지 못하고, 직장 생활을 제대로 할 수 없으며, 여행이나 대인 관계를 제약하는 가장 큰 원인이 화장실 사용 문제다. 그래서 화장실 문제는 접근권, 이동권과 관련이 아주 깊다.

장애인이 쉽게 접근할 수 있는 화장실은 아직 부족하다. 공공 시설이나 신축 건물의 경우 장애인 화장실이 갖춰져 있지만 아직도 그렇지 못한 건물이 많다.[*] 건물 입구부터 계단 때문에 아예 진입하지 못하는 경우도 여전히 있다. 그래서 장애인들은 외출을 하게 될 때 화장실에 접근할 수 있는지부터 살펴본다. 만일 화장실이 없다면 외출을 포기할 수밖에 없다.

취업을 할 때도 근무지에서 화장실에 접근할 수 있는지부터 확인하고 결정하게 된다. 근무 조건이 아무리 좋아도 화장실을 사용할 수 없으면 일상에 제약이 생기니 선택의 여지가 없어지는 것이다.

〈장애여성네트워크〉라는 단체를 창립했던 초기에 대방동에 있는 열 평 남짓한 사무실에서 일했다. 그때 휠체어를 사용하는 활동가가 있었는데, 우리 사무실 화장실은 쓸 수가 없어서 옆 건물 화장실을 이용해야 했다. 단체 대표라는 사람이 재정 형편이 어려워 화장실조차 해결해 주지 못한다 싶어 고개를 들 수 없었던 기억이 아직도 선명하다.

---

[*] 장애인 화장실은 「장애인·노인·임산부 등의 편의증진 보장에 관한 법률」에 규정되어 있는 장애인 편의 시설 중 하나다. 이 법률의 시행령에 따르면 장애인 등이 편리하게 이용할 수 있도록 구조, 바닥의 재질, 마감과 부착물 등을 고려하여 설치하도록 되어 있다. 6층 이상, 연면적이 2000m² 이상의 신축 건축물에 설치해야 하는 엘리베이터도 장애인 편의 시설에 해당하며, 1998년부터 의무화되었다. 이 때문에 1998년 이전에 지어진 건축물에는 편의 시설이 없는 경우가 많은 것이다.

지금은 상황이 한결 나아졌다. 장애인들이 굳세게 권리를 부르짖은 결과다. 하지만 아직 멀었다. 장애인 화장실이 갖춰져 있어도 실제 사용할 때는 제약이 따르는 경우가 많다. 얼마 전에도 서울 강서구에 있는 대형 쇼핑몰에서 장애인은 접근하기 힘든 화장실을 보았다. 가족 화장실이었는데, 문 앞에 아기 변기가 있고 가운데 세면기, 맨 안쪽에 어른용 변기가 나란히 놓여 있었다. 그런데 통로가 좁아 휠체어 사용자는 변기까지 접근할 수 없는 구조였다. 장애인은 사용할 수 없는 가족 화장실이었던 것이다.

편의증진법에 준해서 설치했다는 안전 바, 물내림, 휴지걸이 등 편의 시설이 실제 사용하기에 원활하지 않은 경우도 많다. 특히 세면대가 그렇다. 휠체어 사용자는 쓰기 힘든 높이거나, 아예 물

장애인 화장실이 청소 담당자의 비품 보관실로 쓰이는 경우도 많다.

을 잠가 놓은 곳도 흔하다. 장애인 화장실을 사용하지 말라는 표시가 되어 있는가 하면 청소 담당자의 비품 보관실로 쓰이는 경우도 많다. 대걸레, 대형 휴지, 물 담는 양동이 등 청소 비품으로 가득 차 있어 휠체어는 고사하고 발 디딜 틈조차 없을 지경이다. 항의하면 "장애인들이 잘 오지 않는 곳이라 그랬다"는 변명이 돌아온다. 가지 않는 게 아니라 이런 상황이라 갈 수 없는 것이다. 언제 몇 명의 장애인이 올지 모르니 늘 비워 두어야 한다.

2022년, 서울의 한 고등학교에 방문했을 때다. 꽤 넓은 장애인 화장실이 출입구 가까운 곳에 마련되어 있어서 반가웠다. 그런데 변기 위에 대형 화장지가 떡하니 놓여 있는 게 아닌가? 나와 함께 간 활동지원사는 어떻게 이럴 수 있냐며 분개했다. 그러나 위

어느 고등학교 장애인 화장실. 변기 위에 대형 휴지가 놓여 있었다.

낙 자주 있는 일이라 정작 나는 화도 나지 않더라. 장애인 화장실이 있으면 뭐하나? 사람들의 인식에는 그 공간을 사용하는 장애인이 빠져 있는 걸. 비장애인이라면 '그까짓 화장지 바닥에 잠깐 내려놓고 볼일 보면 그만이지 별걸 다 트집'이라 하겠지. 그러나 손에 장애가 있는 사람이라면 '그까짓' 화장지 때문에 볼일을 못 보고 돌아서 나가야 한다. 볼일을 본 뒤, 세면대 위에 즐비한 청소 도구를 내려놓고 손 좀 씻으려 했으나 물이 나오지 않아 손은 씻지도 못했다.

종로구의 어느 고층 건물에 갔을 때의 일이다. 1970년 완공 당시 국내 최고층 건물이었던 그곳은 최근에 리모델링을 했다. 그 건물의 1층 장애인 화장실에 들어갔다 곤혹스러운 경험을 했다. 역시 청소 도구와 비품이 가득 들어 있긴 했지만 일단 들어가 변기에 앉았다. 그런데 밖에서 누군가 문 열림 버튼을 누르는 게 아닌가? 안에 누가 있다는 걸 모르는지 계속 버튼을 눌러 댔다. 급기야 사람 있다고 소리를 쳤더니 "여기 왜 들어왔어요?" 하고 호통을 쳤다. 화장실에 왜 들어왔겠는가, 볼일 보러 들어왔지. 장애인이라 들어왔다고 했더니 "여기 들어오면 안 돼요. 여기 들어오면 어떡해요?"란다. 볼일을 마치고 나오니 미화원이 문 앞에 버티고 서 있었다.

"여기 함부로 들어오면 안 돼요."

또 그런다. 내가 뭐 큰 잘못이라도 저지른 사람 같다.

"여기 장애인 화장실이에요. 그런데 왜 장애인이 왜 못 들어온다는 거예요?"

반문했더니 하여튼 안 된단다.

"뭐가 안 돼요? 당신들이 법을 어기는 거지. 여기 책임자 누구예요? 데려오세요. 누가 잘못했는지 따져야겠으니."

그렇게 목소리를 높였더니 그제야 슬며시 딴청을 피우며 모기만 한 소리로 "원래 안 되는데……." 했다.

장애인 화장실 문이 아예 잠겨 있는 경우도 있다. 서대문구의 한 건물이었는데 화장실 문이 잠겨 있어 들어갈 수가 없었다. 입구에 담당자 전화번호가 있어서 전화를 했더니 곧 오기는 했다. 그런데 담당자의 태도가 황당했다.

"2층에 일반 화장실 있어요. 거기 가면 되는데 왜 전화를 한 겁니까?"

"2층 화장실 가려면 계단을 몇 개나 올라야 하는데요? 휠체어 타고 거길 어떻게 가나요?"

그제야 조금 수그러진 태도로 그런다. 장애인 화장실이 넓어서인지 십 대 아이들이 거기서 자꾸 담배를 피운다는 거다. 화재 감지기가 자꾸 울린다고. 그래서 어쩔 수 없이 잠가 둘 수밖에 없다는 변명이었다. 그러면서 구청에 보고도 했고 양해도 구했으니 아무 문제없다고, 신고하려면 하라고 도리어 큰소리였다. 이게 대한민국 수도 서울의 현실이니 지역은 말할 것도 없을 듯하다.

그렇다면 장애인 화장실에 남녀 구분은 잘 되어 있을까? 공공

기관이나 고속도로 휴게실은 어느 정도 구분되어 있는 편이다. 장애계에서 계속 민원을 제기하고 차별 진정을 하는 등 노력을 한 결과 서서히 개선되고 있다. 하지만 아직도 갈 길이 멀다.

2022년 말 한 행정복지센터가 여성 화장실을 장애인 화장실로 겸용하고 있어 〈국가인권위원회〉로부터 개선하라는 권고를 받았다. "화장실 문 앞에 계단이 있어 휠체어가 접근할 수 없고, 장애인 화장실 남녀 구분이 돼 있지 않은 것은 장애인에 대한 차별"이라는 진정인의 의견이 반영된 것이었다.

행정복지센터 측에서는 1991년에 준공한 건물이기 때문에 구조적인 문제가 있어 장애인 접근로 기준을 충족하는 경사로를 설치할 수 있는 공간을 확보하기 어렵다고 했지만 〈국가인권위원회〉는 남녀가 화장실을 공동으로 사용하지 않는다는 사회 통념을 들어 개선을 권고했다. 남녀가 공동으로 사용할 경우 이용자들이 불쾌감을 느낄 수 있는 상황이 예상되며, 장애인용 화장실만 남녀 공용으로 설치해야 할 불가피한 사유가 없다는 점도 판단의 근거가 되었다.

"이보다 더 나쁜 화장실은 없을 겁니다."

"여기가 더할걸요?"

장애인들이 소셜 미디어에서 자주 거론하는 테마 중 하나는 '최악의 화장실'이다. 거의 매일 관련 포스팅이 있을 정도다. 장애인들의 일상에 화장실 사용이 그만큼 중요하다는 뜻이겠다.

장애인이 원하는 건 사실 그리 거창한 게 아니다. 남들처럼 먹고 싶을 때 먹고 화장실 가고 싶을 때 가는 자연스러운 일상을 누리고 싶다. 그런데 화장실조차 마음대로 갈 수 없다면 일상은 무너지고 만다. 장애인의 일상이 무너지면 그만큼 사회적으로도 손실이다. 장애인이 자립 생활을 하지 못하고 일하지 못해 고립된 삶을 살게 된다면 그 비용은 우리 사회가 떠안을 수밖에 없을 것이다. 그러니 장애인의 쌀 권리, 눌 권리부터 보장할 일이다. 장애인도 그 흔한 화장실을 평등하게 이용하고 싶다.

싸고 싶을 때 언제든 쌀 수 있는
사회가 좋은 사회다

비장애인에게는 언제든 필요할 때, 현재 있는 장소에서 화장실을 사용하는 것이 당연하고 자연스러운 일이다. 그러나 장애인들은 장애인을 위한 편의 시설이 갖춰져 있지 않으면 화장실을 쓸 수 없고, 그것이 사회 활동을 제약하는 원인이 된다.

학교에 다니지 못하고, 직장 생활을 제대로 할 수 없으며, 여행이나 대인 관계에 제약을 받는 가장 큰 원인이 화장실 사용 문제다. 장애인들은 외출할 때 화장실에 접근할 수 있는지부터 살펴본다. 만일 화장실이 없다면 외출을 포기할 수밖에 없다.

"장애인에게 평등은 비장애인과 마찬가지로
평범하게 사는 것이다. 지역사회에서 학교에 가고,
직업을 가지며, 친구와 만나는 그런 삶은 먼 훗날이 아니라
바로 지금, 여기에서 이루어져야 한다."

나는 살고 싶다

큰언니가 하늘나라로 갔다. 열세 살 어린 나이였다. 의료사고 때문이었다. 일곱 살이었던 나로서는 처음으로 맞이한 죽음이었다. 충격이 컸다. 어린 내가 믿고 따르던 존재가 하루아침에 사라졌으니.

가족들은 약속이나 한 듯이 큰언니 얘기를 하지 않았다. 어쩌다 얘기가 나올라치면 모두들 딴청을 피웠다. 언니의 몸만 사라진 게 아니었다. 언니와 나누었던 이야기, 언니의 이름, 언니의 옷과 학용품, 사진까지도 사라지고 없었다. 왜 그렇게 빨리 지워야 했는지……. 아무도 어떻게 이별해야 하는지 가르쳐 주지 않았다. 애도는 온전히 각자의 몫이었다.

둘째 세영 언니는 그때부터 맏이가 되었다. 언니의 죽음을 제대로 받아들일 새도 없었다. 너도나도 "이제 네가 잘해야 한다"고 말했기 때문이었다. 언니는 갑자기 감당하게 된 장녀라는 무게 때문에 휘청거려야 했다.

"하늘도 무심하시지. 어린 것을 어찌 그리 빨리 데려가셨을까?"

사람들은 큰언니의 죽음을 안타까워하며 말했다. 그뿐 아니었다. "데려가시려면 저런 애를 데려갈 일이지. 멀쩡한 아이를 데려가실 일이 뭐람."이라고도 했다. 내가 듣고 있는데도 말이다. 큰언니는 '멀쩡한' 아이였고, '저런 애'는 장애를 갖고 있는 나를 가리키는 말이었다. 처음엔 내 귀를 의심했다. 잘못 들은 것이려니 믿고 싶었다. 하지만 사람들은 분명 그렇게들 말했다. 그들에게 나는 살아갈 가치가 없는 존재였다.

'그럼, 내가 큰언니 대신 죽었어야 했나?'

누구도 다른 사람의 삶을 대신 살 수도, 대신 죽을 수도 없는 일인데, 사람들이 날 두고 계속 수군거리는 것 같아 한없이 움츠러들었다.

언니가 죽고 석 달쯤 지나 여름방학이 되었다. 큰언니가 떠난 뒤 엄마는 밥도 안 먹고 잠도 안 자고 그저 울기만 했다. 할머니가 손주들을 챙겼지만 우리 형제들은 마음을 잡지 못했다. 언니, 동생들은 하루 종일 나가 놀고 집안에는 엄마와 나뿐이었다. 나는 걸리적거리지 않으려고 숨죽이며 없는 아이처럼 지냈다. 어쩌면 엄마도 언니가 아니라 내가 죽었어야 하다고 생각할지 모른다는 두려움을 안고.

엄마는 나를 포함해 다섯 명의 아이가 있다는 걸 잊은 건지,

저러다 엄마도 영영 못 일어나는 건 아닌지 무서웠다. 머리맡에 가서 가만히 엄마를 내려다보곤 했다. 어느 날 엄마가 내게 말을 걸었다.

"엄마랑 둘이서만 멀리멀리 가서 살까?"

너무 놀라 숨이 멎을 지경이었다. 도대체 얼마나 먼 곳으로 가자는 걸까?

"언니들은, 동생들은 안 가고, 나만 가?"

엄마는 고개를 끄덕였다.

"왜 나만 혼자? 다 같이 가면 안 돼?"

"엄마랑 둘이 살면 좋잖아. 엄마가 너만 예뻐할 텐데."

전업주부였던 엄마가 장애가 있는 딸인 나를 데리고 집을 나가 겠다니……. 살자는 말이 아니라 같이 죽자는 말로 들렸다.

"그래도……. 나 언니들 좋아하는데……. 동생들도……."

"엄마가 괜한 소릴 했구나. 아무 데도 안 가도 돼. 여기서 식구들이랑 같이 살자!"

그 후로도 한참 동안 나는 엄마의 곁을 맴돌았다. 혹시라도 엄마가 없어질까 봐. 내가 따라가지 않겠다고 해서 엄마 혼자 떠났을까 봐 안절부절못했다. 하루에도 몇 번씩 안방 문을 열고 들어 갔다. 그래야 안심이 되었다. 큰언니가 죽어서 슬픈 마음보다 엄마가 죽으면 어쩌나 하는 두려움, 나까지 같이 죽게 되면 어쩌나 하는 공포가 더 컸다.

그렇게 어렸을 때부터 죽음을 가까이 느끼게 됐다. 엄마는 그

순간 슬픔이 너무 커서 해 본 말이었겠지만 실제로 자녀 살해는 우리 사회에서 빈번하다. 그런 기사를 볼 때마다 나는 여전히 무섭고 아프다. 일곱 살 때의 공포가 바로 어제의 일처럼 되살아난다. 살해되는 자녀들 중 상당수가 장애 아동, 그중에서도 발달장애인이기에 더욱 그렇다.

2023년 추석 다음 날에도 60대 아버지가 지적장애가 있는 아들을 죽이고 자살한 사건이 있었다. 같은 해 3월에 말기 갑상샘암에 걸린 50대 엄마가 홀로 키우던 20대 지적장애인 딸을 살해한 뒤 자살하려다 실패하고 경찰에 자수했다는 뉴스가 있었다. 얼마 지나지 않아 또다시 비극적인 일이 벌어진 것이었다. 이런 비극은 가부장적 전통이 강한 동양에서 주로 나타나는 현상으로 알고 있다. 자녀를 독립적인 인격체로 보지 않고 부모의 소유물로 취급하는 경향이 있는 우리나라이기에 사회 문제가 되고 있는 것이다.

2020년부터 2022년까지 3년 동안 발달장애 부모의 자살은 알려진 것만 8건이다. 정부에서 사안의 심각성을 인지하고 전수 조사를 벌인 결과 선정된 3개 도시에서 발달장애인의 주 보호자 중 158명이 심각하게 자살을 고민했던 것으로 나타났다고 한다.[*]

"부모가 오죽하면 그랬겠냐고 그 마음을 사람들이 아무리 헤아려 본다고 해도 그 부모가 겪은, 그리고 앞으로 겪을 고통의

---

[*] 추석에도 발달장애 가족 비극…16% "극단 선택 고민", 『중앙일보』, 2023년 10월 4일.

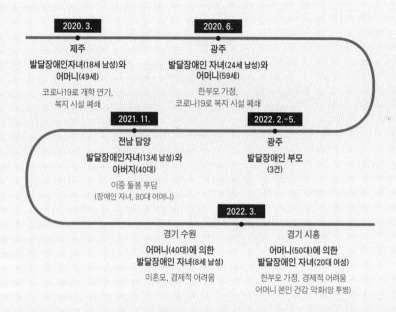

2020. 3.

제주
**발달장애인자녀(18세 남성)와
어머니(49세)**

코로나19로 개학 연기,
복지 시설 폐쇄

2020. 6.

광주
**발달장애인 자녀(24세 남성)와
어머니(59세)**

한부모 가정,
코로나19로 복지 시설 폐쇄

2021. 11.

전남 담양
**발달장애인자녀(13세 남성)와
아버지(40대)**

이중 돌봄 부담
(장애인 자녀, 80대 어머니)

2022. 2.~5.

광주
발달장애인 부모
(3건)

2022. 3.

경기 수원
**어머니(40대)에 의한
발달장애인 자녀(8세 남성)**

미혼모, 경제적 어려움

경기 시흥
**어머니(50대)에 의한
발달장애인 자녀(20대 여성)**

한부모 가정, 경제적 어려움
어머니 본인 건강 악화(암 투병)

2020~2022년 발생한 발달장애인 관련 극단 선택 사건들. 보건복지부·한국보건사회연구원, '발달장애인 생활 실태 전수 조사', 2023. 『중앙일보』, 2023년 10월 4일자 기사에서 재인용.

1퍼센트만큼도 느끼지 못할 거예요. 그 선택은 자신이 없으면 더는 자녀에 대한 돌봄이 지속될 수 없을 거라는 절망이 내재된 거죠. 이게 '사회적 타살'이 아니면 뭐겠어요?"**

오죽하면 자녀를 살해하고 자신의 목숨도 버렸을까? 이는 돌봄을 개인에게만 떠넘기고 있는 사회적 타살임이 분명하다.

이런 사건을 보도하는 기사를 볼 때 나는 불편함을 느낀다. 누구도 장애 자녀의 입장에서 죽음에 대해 제대로 말하지 않기 때문이다. 돌봄의 고통에 공감하며 자녀를 살해하고 살아남은 부모의 형량을 줄여 줘야 한다는 목소리는 있지만 아무도 억울하게 죽은 자녀의 마음을 앞세우지 않는다. 장애인 당사자의 죽음은 철저히 가려져 있는 현실이 섬뜩하고 서글프다. 그 장애 자녀는 과연 가족에게 고통만 주는 짐 덩어리였을까?

아무리 고통스럽고 힘겨워도 자녀와 함께 세상을 버리지는 말아야 한다. 같이 죽을 수밖에 없을 만큼 현재가 고통스러울지라도 자녀에게는 자녀의 삶이 있다. 그리고 죽음에 대한 암시만으로도 자녀들은 충분히 무섭다. 발달장애인이라고 해서 죽음에 대한 공포가 없을까? 아니, 혼자 힘으로 살아갈 수 없기에, 전적으로 의지하고 있는 존재가 부모이기에 그 공포는 더욱 심할 수밖에 없을 것이다. 누군가의 지원이 반드시 필요한 그들은 아직도 부모에게 많은 부분 의존할 수밖에 없다. 부모가 삶을 긍정해 주지 않으면 발달장애인들은 누구에게 지지받을 수 있단 말인가? 장애인도 죽지 않고 계속해서 살아가야 한다. 장애인도 살고 싶다.

** 「고인이 된 아이, 피고인이 된 부모」, 『함께걸음』, 2022년 7월 27일.

장애인도
늙어서 죽고 싶다

누구도 장애 자녀의 죽음에 대해 제대로 말하지 않는다. 자녀를 살해한 부모가 겪은 돌봄의 고통에는 공감하면서 억울하게 죽은 자녀를 먼저 애도하지는 않는다. 그 장애 자녀는 과연 가족에게 고통만 주는 짐 덩어리였을까?

아무리 고통스럽고 힘겨워도 자녀와 함께 세상을 버리지는 말아야 한다. 같이 죽을 수밖에 없을 만큼 현재가 고통스러울지라도 자녀에게는 자녀의 삶이 있다. 부모가 삶을 긍정해 주지 않으면 발달장애인들은 누구에게 지지받을 수 있단 말인가? 장애인도 죽지 않고 계속해서 살아가야 한다.

"부모가 자녀의 삶을 대신 살아 줄 수 없다.
당연하게, 자녀의 죽음을 대신 선택해서도 안 된다.
사랑이라는 이름으로, 가족이라는 이름으로
자녀를 살해하지 말라."

사과하는 게 왜 힘들까?

    2024년 새해 벽두부터 장애 비하 발언으로 뜨거웠다. 1월 17일, 부산 강서구와 북구 구청장이 합동으로 개최한 기자 간담회에서 오태원 북구청장이 한 말이 문제였다. 발달장애인을 돌보는데 국가가 더 책임을 져야 한다는 이야기를 나누고 발달장애인을 둔 부모가 무슨 죄가 있냐는 발언들이 나오는 중에 "(발달장애인 부모에게) 죄가 있다면, (발달장애인을) 안 낳아야 되는데 낳았다"는 식의 발언을 했기 때문이다. 비난 여론이 높자 오 구청장은 며칠 뒤 자신의 소셜 미디어에 사과문을 올렸다. 자신의 "발언으로 인해 마음의 상처를 받으신 모든 발달장애인, 그리고 모든 장애인과 가족 여러분께 진심으로 고개 숙여 사과드린다." "발달장애인과 발달장애인 가족들을 비하하려는 의도는 전혀 없었다. 힘든 여건 속에서도 자녀분들을 마음으로 돌보시는 장애인 부모님들의 너무나 안타까운 상황에 공감하며 감정이 북받쳐서 경솔한 발언을 했다."고.

오 구청장은 발달장애 자녀를 둔 부모라고 한다. 그런데도 실언을 했고, 장애 인식의 바닥을 여지없이 보여 주고 말았다. 순간의 실수라고 변명한들 분노만 돋울 뿐이었다. 사과문을 읽어 봐도 뭘 사과한다는 건지 알기 어렵다. '의도가 없었다'는 말은 사과할 때 늘 따라다니는 변명이다. '본의 아니게', '그럴 뜻은 아니었는데'라고도 한다. 의도가 있었다고 솔직하게 말할 사람이 누가 있겠는가? 의도가 없었어도 비하이자 차별일 수 있다.

백번 양보해 사과로 받아들인다 해도 조건부 사과일 뿐이다. 자신의 발언에는 잘못이 없는데, 들은 사람이 상처를 받았다니 미안하다는 뜻이다. 그 말을 들은 상대방이 속 좁고 옹졸하다는 의미가 포함되어 있다. 자기 잘못은 뒷전이고 상대에게 잘못을 전가하는 최악의 사과다. 피해자에게 책임을 돌리는 전형적인 2차 가해이기도 하다.

때로는 듣는 사람이 자격지심 때문에 오해한 것이라고 변명하기도 한다. 사과를 요구하는 당사자가 사회적 약자일 때 흔히 작동되는 문법이다. 사과를 해야 할 권력자는 자신에게는 아무 잘못도 없다고 여기지만 계속 시끄러우면 곤란하니 사태를 무마하기 위해 사과라는 형식을 취하는 것뿐이다. 정작 무엇을 잘못했는지를 빼 버림으로써 논점을 흐릴 수 있다. 그리고 사과했는데, 왜 말이 많냐며 빠져나가기에도 좋다. 잘못이 무엇인지, 어떤 피해를 입었다고 말하고 있는지는 아예 관심 밖이다.

어쩌다 헛나온 잠깐의 실수일 뿐이며 자신은 평소 인권 의식이 올바르고 높은 사람이라는 변명도 자주 나온다. 그러면서 집안에 장애인이 있어 절대 차별 발언은 하지 않았다고들 주장한다. 차별 발언 그 자체가 잘못인데 자기는 그런 사람 아니란다.

잘못을 인정하고 사과하기보다 자기방어에 급급하다. 잘못 자체를 부인하거나 다른 사람 탓으로 돌린다. 내 탓이 아니라고 책임을 회피하기도 한다. 어쩔 수 없이 인정하면서도 잘못을 축소하려는 시도도 수없이 많다.

기업인이나 정치인 혹은 연예인들이 하는 대국민 사과를 볼 때면 늘 개운치가 않다. 사과를 하는 것 같기는 한데 잘못한 주체에 대한 표현이 빠졌거나, 사과가 아닌 유감을 표현한다거나, '이 일로 상처를 받은 사람이 있다면'이라는 식으로 빠져나가니 말이다. 오히려 불쾌해지기까지 한다. 그래도 아예 안 하는 것보다는 나으려나? 진정성 있는 사과, 사과다운 사과 좀 보았으면 좋겠다.

위계가 강한 우리 사회에는 사과 따위 아랫사람이나 하는 거라는 통념이 있다. 윗사람이나 유리한 위치에 있는 사람이 사과를 하면 권위와 질서가 무너진다고 여긴다. 무엇을 위한 권위이고 누구에게 필요한 질서인지 도통 모르겠지만.

《디어 마이 프렌즈》라는 드라마가 있다. 극중에서 어떤 아버지가 딸에게 미안하다는 말을 하지 못한 이유에 대해 한 말이 기억에 남는다. "그 시대 아버지들은 자식에게 미안하다는 말을 하는 법을 배운 적이 없다"고. 그러니 지금부터라도 배워야 하지 않을까? 어쩔 수 없이 말고 제대로 사과하는 법을 배워 관계를 다시 만들어야 하지 않을까? 100세 시대라지 않나. 다른 누군가를 위해서가 아니라 바로 나 자신을 위해서 말이다.

2023년 겨울에 영화 《서울의 봄》이 개봉해 한 달 만에 천만 관객을 기록했다. 12·12 군사 쿠데타로 정권을 잡은 전두환을 주인공으로 한 영화다. 청년들이 특히 열광했다. '화가 나지만 꼭 봐야 할 영화'라는 반응이었다. 청년들이 얼마 지나지 않은 역사에 대해 이 정도로 몰랐다는 사실이 나로서는 더 놀라웠다. 쿠데타를 일으킨 신군부의 수장 전두환과 노태우가 세상을 떠난 게 불과 얼마 전이다. 광주 시민을 학살한 5·18 민주화운동이 일어나게 만든 주범인 전두환 대통령은 죽을 때까지 한 마디 사과도 하지 않았다.

그나마 노태우 전 대통령은 세상을 떠난 뒤 유족을 통해 사과했다. 광주 민주화운동 유혈 진압을 비롯한 자신의 죄과에 대해 책임과 과오를 언급하며 용서를 구했다. 병환으로 십 년 넘게 누워 있었고 소통이 전혀 안 되는 상태였기에 직접 사과하지는 못했다고 한다. 광주 학살에 책임 있는 어떤 사람도 사과를 한 적이 없었기에 그래도 이 사과는 의미 있어 보인다. 살아생전 책임이 있던 당사자가 직접 사과했더라면 더 좋았겠지만. 독일 아이들은 나치가 유대인을 학살한 데 대해 용서를 구하며 거듭 사과하는 모습에서 책임과 용서를 배운다. 우리 아이들과 달라도 너무 다른 환경과 문화에서 자라고 있다.

사과는 그만큼 어려운 것인가 보다. 개인끼리의 사과도 어렵지만 공적인 사과는 더욱 그렇다. 그래서 지금부터라도 제대로 사과하는 법을 배워 나가야 한다. 진정성 있는 사과를 하고 나서도 우리가 발붙이고 있는 세상은 절대 무너지지 않는다. 오히려 시야가 넓어지고 더 큰사람, 책임지는 어른이 될 수 있을 것이다.

다시 오 구청장의 사과문으로 돌아가 보자. 사과에 진정성을 담으려면 먼저 사과의 대상부터 명확히 해야 한다. "마음의 상처를 받으신 모든 발달장애인, 그리고 모든 장애인과 가족 여러분"에서 "마음의 상처"는 사족이었다. 상처받을 일이 아니라고 생각하지만 당신들이 상처를 받았다니 어쨌든 미안하다는 조건부 사과이기 때문이다. 이어, 비하하려는 의도가 없었으며 경솔한 발언이었다고 변명했는데 상대방이 받은 피해에 대해 구체적으로 밝히지 않아 제대로 된 사과로 들리지 않는다. "차별 발언을 했다"고 인정하고, 이번 기회에 자신을 성찰하고 인권 감수성을 높이겠다고 해야 할 일이다. 언행을 신중히 하는 정도로 그칠 일이 아닌 것이다.

"구청장으로서 제가 할 수 있는 한 최선을 다해 장애인과 가족 여러분의 제도 개선에 앞장설 것이며 구청 차원의 노력과 함께 중앙정부에도 적극 건의하도록 하겠다."는 말도 공허하다. 노력을 했는지, 건의를 했는지 확인할 길이 없다. 구체적인 재발 방지 대책이 들어가야 한다. 다행히도 오 구청장은 발달장애인 부모들에게 직접 사과했다. "장애인 인권에 대한 바른 인식, 삶에 대한 공감"을 강조하고 부모 단체에서 제안한 정책을 수용하겠다고 했다. 부모들도 사과를 받아들임으로써 피해를 입은 상대방과 합의에 이르기도 했다. 구청장과 전 공무원이 인권 교육부터 받고 발달 장애인을 위한 정책을 펼쳐 가겠다는 약속을 했다면 더 좋았을 것이다.

장애인 당사자들이 정치인의 비하 발언에 유독 민감한 이유는 그만큼 정치인의 영향력이 크기 때문이다. 그들이 대다수 평범한 사람들의 거울 역할을 하기 때문이다. 국민이 뽑아 준 공인이니까 역할과 책임이 그만큼 막중하다. 그러니 부디 달라져 주시라. 잘못한 것에 대해 제대로 사과하는 어른을 기다린다.

뭉뚱그리지 말고
제대로 사과해야 한다

사과를 해야 할 권력자는 자신에게는 아무 잘못도 없다고 여긴다. 그러나 여론을 잠재우려면 사과라는 형식을 취해야 한다. 사과문에는 정작 무엇을 잘못했는지를 빼 버림으로써 논점을 흐린다. 사과 비슷한 무언가를 해 놓고는 '이제 했으니 됐지?' 하는 식이다. 차별 발언 그 자체가 잘못인데 자신은 그런 사람 아니라는 변명을 한다. 잘못을 인정하고 사과하기보다 자기방어에 급급하다. 잘못 자체를 부인하거나 책임을 회피하기도 한다. 제발 그러지 좀 말자.

"관계는 상대적이다. 상대보다 유리한 위치에 있다면
억압을 덜 느끼고 시야는 제한된다. 누구나
틀릴 수 있다. 그러므로 나도 틀릴 수 있다는
성찰이 절실하다."

나 장애인 맞아. 그래서 뭐?

"특수교육, 특수학급, 특수학교 이런 것들이 왜 있는지 모르겠
어요. 제가 뭐가 그렇게 특수하다는 건지……. 차라리 얼마 전
에 병무청 갔었을 때 나를 특수부대 보내 주든가."

스탠드업 코미디언 한기명의 개그다. 그는 어릴 적 교통사고로
뇌병변장애와 지체장애를 갖고 있다. 시각장애도 있고 귀도 한쪽
이 아예 들리지 않는다고 한다. 그런데 마이크 하나만 들고 무대
에 서서 관객을 사로잡고 웃게 만든다.

"저도 주로 전철을 이용해요. 전철이 확실히 편하긴 하더라고
요. 공짜라서."

"카페에 들어서면 열 재는 기계가 있거든요. 열 재는 기계에다
이마를 딱 갖다 대면 삑! 정상입니다! 나한테 정상이라고 말한
사람 너밖에 없어."

"장애인은 좋겠어. 나라에서 돈도 나와. 세금도 안 내. 공과금도

내 줘. 그렇게 부러우면 니들이 장애인 하시든가요."

한기명은 자신의 장애를 웃음의 소재로 사용한다. 듣는 사람 입장에선 불편할 수도 있는데 웃다 보면 무릎을 탁 치게 한다. 평소 정상과 비정상을 가르고 장애인을 선 밖으로 밀어내려 하지 않았는지, 세금이나 축내는 쓸모없는 존재로 여기지는 않았는지 돌아보게 한다.

"무대 위에서 망가지는 제 모습을 보면서 이걸 웃어야 돼, 말아야 돼, 하고 생각하고 계시잖아요. 안 웃자니 장애인 차별하는 것 같고, 웃자니 장애인 비하하는 것 같고. 오늘은 맘 편하게 비하로 갑시다."

장애인이라서 할 수 있는 코미디다. 장애 없는 사람이 하면 남의 장애를 웃음거리로 삼는 것이니 차별이 될 수 있다. 한기명은 또 자신을 좀비에 비유하기도 한다.

"영화 '부산행' 보셨어요? 저는 '부산행'을 보면서 정말 화가 났어요. 저기 딱 봐도 내가 해도 되는 배역이 있는데 왜 비장애인을 쓰냐는 말이지!"

관객들이 웃으며 공감하면, 이에 그치지 않는다.

"네 맞아요, 지금 웃으신 분들이 생각하시는 거, 두 글자! 하나둘 셋 하면 함께 외쳐 볼까요?"

이때, 한 여성 관객이 "좀비…?"라고 작은 소리로 말한다. 그러자 한기명은 답답하다는 듯이 "공유!"라고 외친다. "물론 좀비 역할도 잘할 수 있어요"라면서.

이처럼 장애를 웃음의 소재로 삼을 수 있다는 건 한기명의 장애 정체성이 분명한 탓일 게다. '그래, 나 장애인 맞다, 그래서 뭐? 내 장애가 어때서?'라며 반문하는 것이다. 몇 년 전 공중파 방송에서 한기명의 스탠드업 코미디를 처음 보았다. 본격 스탠드업 코미디 쇼를 표방했던 그 프로그램은 몇 달 안 되어 사라졌지만, 한기명이 출연했던 영상은 유튜브에서 십만이 넘는 조회 수를 기록하고 있다.

나는 코미디를 좋아한다. 웃을 일 많지 않은 세상살이에서 코미디가 없다면 얼마나 삭막할까. 그래서 취향이 전혀 다른 남편과 유일하게 같이 보는 장르가 코미디다. 장애인이 하는 코미디라면 더 열광한다. 어렸을 때 교통사고로 두 다리를 잃은 박대운이 '바퀴 달린 사나이'라는 이름으로 등장했을 때도 뜨겁게 응원했다. 장애인이 웃기기가 쉬운 일이 아니니까. 하지만 아쉽게도 박대운은 금세 무대에서 사라졌다. 당시만 해도 장애를 소재로 한 개그를 보면서 관객들은 웃어야 할지 말아야 할지 몹시도 복잡하고 어정쩡했던 듯하다. 이제 한기명의 코미디를 보고 웃는 사람이 생겼다는 건 그만큼 우리 사회가 장애를 자연스럽게 받아들이고 있다는 뜻으로 보아도 좋을까?

자기소개서의 첫 구절 같지만, 어릴 적 우리 집은 가난했으나 화목했다. 아버지가 사업에 실패한 뒤로 셋집을 전전하면서도 웃음만은 잃지 않았다. 우리 다섯 형제들은 저녁 때 모이기만 하면 이야기꽃을 피웠다. 저마다 학교와 회사에서 있었던 일에 대해 떠들었다.

장애를 갖고 있는 나는 언니들보다 억울한 경험담이 더 많았다. 버스에 올라타려고 하다 안내양이 떠밀어서 넘어진 이야기, 자리가 없어 버스 안에서 30분도 넘게 서 있어야 했던 이야기, 겨우 자리가 났는데 느닷없이 달려와 가로챈 아줌마 이야기 등 끝이 없었다. 그때마다 엄마와 형제들이 나보다 더 화를 냈다. 그렇게 이야기를 하다 보면 어느새 마음이 풀어지곤 했다. 위험하다며 버스에 태우지 않으려고 밀어냈던 안내양의 독특한 말투를 내가 흉내 내면 온 식구가 배를 잡고 웃었더랬다. 예전엔 버스 정류장을 육성으로 안내하고 요금을 받던 안내양이 있었다. 그 안내양들의 독특한 말투에는 비슷한 점이 있어서 흉내를 낼 때마다 빵 터지곤 했다.

언니들은 다니던 회사의 사장님 이야기를 많이 했다. 동생들과 나는 담임 선생님 흉을 많이 봤다. 사장님과 선생님 모두 우리에게는 꼰대였기 때문이다. 우리 형제들은 저마다 성대모사에 소질이 있었다. 아마도 동네 아줌마 말투, 친척들 목소리를 그럴듯하게 흉내 냈던 엄마를 닮은 것 같았다. 목소리뿐 아니라 표정, 걸음걸이까지 특징을 잘도 잡아내 흉내 내다 못해 가볍게 코웃음쳐 주다 보면 더 이상 쫄지 않을 수 있었다.

엄마는 거의 매일같이 연예인이나 담임 선생님 성대모사를 하며 낄낄대던 우리들을 지켜보며 안도했던 듯하다. 우리 다섯 형제들은 어려웠던 시절을 그렇게 견뎌 왔다. 돌아보면 우리들에게 사장님이나 담임 선생님은 분명 억압적인 존재였다. 그들이 권위를 앞세워 말도 안 되는 지시와 요구를 하면 꼼짝없이 응해야 했으니까. 그리고 억울함을 풀 수 있는 방법은 뒷담화를 하는 것뿐이었을지 모른다. 한바탕 떠들고 웃다 보면 어쩔 수 없이 당했어도 사실은 그들에게 굴복한 것이 아님을 확인하며 자신을 추스를 수 있었던 듯하다.

그런데 버스 안내양의 경우는 좀 달랐다. 그들은 강자였을까? 버스를 제시간에 타고 지각을 하지 않느냐, 하느냐의 기로에 선 내게 압도적인 존재이기는 했다. 허나 그들 역시 저임금에 시달리며 한 명이라도 더 태워서 회사로부터 질책을 받지 않아야 한다는 점에서 약자 중의 약자였다. 안내양이라는 직업은 당시 천대받던 직업 중 하나였다. 승객들에게 반말을 듣는 것은 물론이고 쌍욕을 듣는 것도 부지기수였다. 안내양들은 대부분 온갖 모멸감을 감수하며 악착같이 돈을 벌어 고향 식구들을 먹여 살렸던 또순이들이었다.

"안 계시면 오라이!"

너나 할 것 없이 특유의 말투를 흉내 냈던 저변에는 안내양이라는 직업에 대한 멸시가 포함되어 있었다. 나로선 승하차에 도움을 받기는커녕 늘 거부를 당했던 피해자였기에 흉내를 내고 한바탕 웃고 나면 억울함이 좀 풀리긴 했다. 하지만 안내양 개인의 잘못이 아닌 것을 이미 잘 알고 있었다. 등하교 시간 만원버스에 한 명이라도 더 실어 나르게 한 장본인은 따로 있었으니까. 장애인에게 대중교통을 이용할 권리가 있다는 인식을 아무도 갖지 못했던 시대였으니까. 철이 들면서 자연스럽게 누군가를 조롱하고 멸시하는 놀이는 흥미를 잃어 갔다.

처음 장애인운동을 시작했을 때 가장 숨통이 트였던 것은 장애에 대해 맘껏 얘기할 수 있었던 것이었다. 징징거리는 건 체질에 맞지 않으니 비슷한 장애인들끼리 장애인을 대하는 사람들의 태도, 우리 사회의 편견에 대해 비수를 날리는 통쾌함을 만끽했다. 가령 숏컷을 하고 나서 "나 시설 장애인 같지 않아?" 하면, 다들 웃으며 "아니야, 잘 어울려." 해 주는 식이었다. 거주 시설에서 살고 있는 장애인들의 한결같은 숏컷 머리와 비슷하지 않느냐는 뜻이었다. 개인의 선호는 무시되고 관리자의 편리성과 자원봉사자에 의해 비용이 절감되는 면만 고려한 처사에 대해 비꼬는 유머였다. 물론 지금은 달라져서 거주 시설에 살고 있는 장애인도 자신이 원하는 헤어스타일이라든가 염색을 하는 데 제약이 거의 없어졌다.

무료로 지하철을 이용하는 나를 향해 "좋겠다"라고 말하는 비장애인에게 "그럼, 너도 장애인 만들어 줄까?"라는 우스갯소리도 아무렇지 않게 했다. 우리끼리는 그래도 괜찮았다. 그렇게 장애를 갖고 살아오면서 웃을 일이 그다지 없었던 동료 활동가들과 함께 키득거리며 일종의 해방감마저 느꼈다.

나름 유머 감각이 있다고 자부해 왔던 나였는데, 최근 '엄근진'이라는 말을 들었다. '엄(숙) 근(엄) 진(지)'한 사람이라는 것이다.

깜짝 놀랐다. 어느덧 나이 들어 나도 꼰대가 되었나 싶어 덜컥 했다. 내가 그토록 조롱하고 풍자해 왔던 꼰대가 나라고?

마사 누스바움Martha Nussbaum은 책『지혜롭게 나이 든다는 것』에서 "나이듦에는 필연적으로 불행이 따라옵니다. 하지만 유머, 이해, 사랑은 필연적으로 따라오지 않습니다."라고 했다. 나도 드디어 그 불행을 맞이할 나이인가 싶었다. 어쩌면 이미 유머, 이해, 사랑과 멀어지는 불행을 겪고 있는 것은 아닐까 두려웠다.

오래도록 '인권'이라는 무거운 주제를 감당해 왔던 탓일지 모르겠다. 더구나 비슷한 경험을 가진 지체장애인뿐 아니라 장애 유형과 정도에 큰 차이가 있는 다양한 장애인들과 만나게 되면서부터는 유머 감각이 때로 독이 되기도 한다는 걸 알게 됐기 때문이다. 만일 숏컷을 하고 나서 발달장애인이나 가족 앞에서 "나 지적장애인 같지 않아?"한다면 어찌 될까? 장애 비하가 되고 마는 것이다.

비틀고 꼬집는 장기는 강자에 맞설 때 구사할 수 있는 소심한 전략일 뿐이다. 허나 장애계에서 나는 상대적으로 주류에 해당하는 지체장애를 갖고 있기에 더 이상 약자가 아니었다. 그러니 허를 찌르는, 날카로운 유머 따위가 무슨 소용이란 말인가?

유머가 좀 부족하면 어떤가? 지금 이대로도 나는 충분히 괜찮다. 한때는 장애를 갖고 있다는 이유로 제약을 하도 많이 받아서 '장애인이라서 (차별을 당했다)' '장애인만 아니었다면 (이런 취급을 당했겠나)', '장애에도 불구하고 (잘 살고 있다)'는 말을 입에 달고 살았다. 그런데 요즘은 '장애인이라서'라는 말을 더 많이 하게 되는 것 같다. 장애 차별은 여전하지만 내가 받고 있는 차별이 문제지 내 장애는 문제가 아니며, 오히려 그 장애가 나를 구성하는 중요한 정체성이 되어 버린 까닭이다.

가끔 나는 내가 갖고 있는 장애가 좋을 때가 있다. 얼마 전 일이었다. 캐나다 밴쿠버 사는 친구 명숙과 오랜만에 통화를 하게 되었다. 영상통화를 하던 중에 친구 딸 다예가 양치를 하다가 얼굴을 내밀며 인사했다. 교통사고로 큰 부상을 당해 병원에 입원했다 제 엄마 집에서 잠깐 같이 사는 중이었다. 다예가 양치를 마치고 곧 돌아오더니 "이모! 제 다리 보실래요?" 하며 부상당한 자신의 다리를 보여 줬다. 종아리 뒷면 대부분이 이식한 넓적다리 살로 덮여 있었다.

"애는, 그걸 왜 보여 주고 그래?"

제 엄마가 민망해하며 핀잔을 주어도 다예는 아랑곳하지 않았다. 오히려 여기서 떼어낸 살을 이곳에 이식한 거라며 자세히도 설명해 주었다. 얼마나 아팠을까? 다 나아가는 중이라니 한편 안심이 되었다. 상처를 스스럼없이 보여 주는 게 고맙기도 했다. 내가 갖고 있는 장애가 그를 무장 해제시킨 것으로 보인다. 이렇게 내가 갖고 있는 장애는 사람들로 하여금 거추장스럽고 무거운 외투를 벗어 던지고 벌거벗은 상태로 나오게 만드는 묘한 힘이 있다.

심리학을 전공한 유 교수와의 첫 만남도 그랬다. 여자 다섯이서 스터디 모임을 한 뒤 같은 방향이라 내 차로 함께 귀가했다.

돌아오는 차 안에서 그는 자신이 이혼하게 된 과정에 대해 조곤조곤 들려줬다. 웬만하면 남에게 쉽게 하지 않을 이야기였다. 더구나 우리는 그날 처음 만난 사이였다. 내릴 때가 되자 그가 민망한 듯 말했다.

"어머, 나 좀 봐. 원래 제 얘기 잘 안 하는데, 오늘은 웬일인지 모르겠어요."

이혼이 무슨 흠이나 결함이 아닌데 뭐 어떠랴. 첫 만남에서 이야기를 하게 되었다면 그럴 만한 이유가 있었을 것이다. 나는 얘기하고 나니 후회가 되는지 물었다.

"아니오. 이상하게 편안해요."

"우리 잘 통하는 것 같죠?"

유 교수와는 그렇게 친해졌다. 유 교수가 내 앞에서 그토록 솔직하고 거리낌이 없었던 이유 역시 내가 갖고 있는 장애와 관련이 있을 것으로 보인다. 수시로 안부를 묻거나 하는 아기자기한 사이는 아니지만 우리는 모일 때마다 폭풍 수다를 떤다. 공부는 짧고 수다는 길지만 이 모임에서만큼은 속 깊은 얘기를 하게 된다. 상담학 전공자답게 그는 내 심리적 멘토이기도 하다.

"왜 사람들은 나를 함부로 대할까요?"

함부로 취급당한다는 느낌에서 벗어나고 싶었다. 나는 그들을 존중하는데, 그들은 왜 나를 존중하지 않는 걸까? 바라는 건 그리 큰 게 아니다, 그저 존중받고 싶을 뿐이라며 열을 내던 내게 그는 말했다.

"전제를 바꾸면 어떨까요? 내가 사람들을 존중하니까 다른 사람도 나를 존중해야 한다고 여기는 거예요. 그래서 상처를 받는 것일 수 있어요. 사람들은 나와 같지 않으니까요."

덕분에 오랫동안 짓눌려 왔던 문제로부터 가벼워질 수 있었다.

나이 들면서 유머, 이해, 사랑이 필연적으로 따라오지 않는 것은 어쩔 수 없는 일일 것이다. 하지만 '우정'이 그런 것들을 제공한다고 마사 누스바움은 말했다. 내 곁에는 나이 들어서도 우정을 나눌 수 있을 친구들이 있다. 좋은 사람들과 하하 낄낄 웃으며 지내는 사람으로 나이 들고 싶다.

장애를 비하하지 않고
유머로 승화시키기!

코미디를 좋아한다. 웃을 일 많지 않은 세상살이에서 코미디가 없다면 얼마나 삭막할까. 장애인이 하는 코미디라면 더 좋다. 휠체어 탄 박대운의 코미디도, 뇌병변장애와 지체장애를 가진 한기명의 코미디도 반가웠다. 장애를 소재로 한 개그를 보면서 자연스럽게 웃는 사람이 많아야 우리 사회가 장애를 자연스럽게 받아들이고 있다는 뜻일 것이다.

어렸을 때 언니들이 회사의 사장님을 놀리고, 동생들과 내가 담임 선생님 흉내를 내며 웃을 수 있었던 건 그분들이 우리에게는 꼰대였기 때문이다. 목소리뿐 아니라 표정, 걸음걸이까지 특징을 잘도 잡아내 흉내 내며 웃다 보면 더 이상 쫄지 않을 수 있었다.

"꼰대의 3요소는 나이, 높은 직급, 남성이라는 말이 있다.
이 조건에 맞지 않더라도 꼰대가 될 가능성은 누구에게나 있다.
그러니 누구라도 조심하자. 우리 사회에는 꼰대 말고
조언보다 경청, 판단보다 공감하는 어른이 필요하다."

장애 × 젠더 × 노년

20년 전부터 염색을 하지 않았다. 그래서 지금은 완전한 백발이다. 흰머리 때문에 요즘은 장애인이 아니라 자주 할머니라 불린다. 한 사람의 정체성이 하나가 아닌데, 왜들 하나만 보려고 하는건지……. 하지만 듣는 소리는 예나 지금이나 비슷하다.

"할머니, 힘든데 집에 계시지. 왜 돌아다니세요."

장애인으로서 몸도 힘든데 가만히 있지 왜 돌아다니느냐는 말을 수십 년 동안 들어 왔건만 별반 달라진 게 없다. 장애인과 노인은 집에서만 지내야 하나? 집에서만 지내면 과연 안전할 수 있을까? 고립과 은둔이 최선일까?

사실 할머니 소리를 들은 지는 꽤 오래되었다. 이미 30대 때부디 가끔 할머니로 불렸다. 심지어 친구 명숙과 그의 아이들을 데리고 제부도에 놀러간 적이 있었는데, 민박집 주인 아주머니가 나에게 명숙의 친정 엄마냐 물은 적도 있었다. 그땐 무척 당황스러웠다. 비혼이었기에 아줌마로 불리는 것조차 기분 나쁠 때였으니까. 내 어떤 모습이 할머니로 비치는 걸까 의아했지만 자주 들었던 말은 아니었기 때문에 오래 마음에 두지는 않았다.

그러다 최근 일라이 클레어Eli Clare의 『망명과 자긍심』이라는 책에서 답을 찾았다. 그는 "여성(female)이면서 장애인이면, 그다지 여자(woman)로 보이지 않"으며, "남성(male)이면서 장애인이면, 그다지 남자(man)로 보이지 않는다"고 했다. 장애인은 젠더도 없고 무성적인, 욕망할 만하지 않은 존재라고 꼬집으면서. 비장애인이 움직이는 방식을 바탕으로 젠더는 정의되며, 이 때문에 "목발로 걷는 여성은 '여자'처럼 걷지 않"고 "휠체어를 타고 산소호흡기를 사용하는 남성은 '남자'처럼 움직이지 않는다"는 것이다.[*] 그래서 목발로 걷는 나는 여자로 보이지 않고 노인으로 보였던 것이다. 어쩌면 장애 여성에 대한 차별과 낙인은 동서양이 그렇게도 닮아 있는지…….

일라이 클레어는 장애·환경·퀴어·노동운동가이자 시인이며 에세이 작가다. 미국의 벌목지대에서 태어난 백인으로, 선천적 뇌병변 장애인이자 스스로를 남성이나 여성, 둘 중 하나로 규정하지 않는 젠더퀴어이기도 하다. 하나의 정체성으로 이해하기 어려운 독특한 위치성을 갖고 있는 일라이 클레어는 글쓰기를 통해 퀴어, 장애, 환경, 페미니즘, 계급, 인종 문제의 복잡한 얽힘을 성찰

---

[*] 『망명과 자긍심』, 현실문화, 2020, 229쪽.

한다. 특히 자신의 몸에 대한 성찰이 눈부신데, 그 이유는 수많은 소수자성이 교차하는 몸이기 때문인 듯하다.

내게도 여러 소수자성이 교차하고 있다. 장애인이자 여성으로서 다중 차별을 받아 왔을 뿐 아니라 이제 노년으로 접어들면서 다소 낯설고 이질적인 차별을 경험하고 있다.

어느 날 택시를 탔을 때의 일이다. 뒷좌석에 앉아 스마트폰으로 카카오톡을 하고 있는데, 택시 기사가 큰소리로 "아니, 지금 뭐 하시는 거예요?"라고 했다. 아무 잘못한 것도 없는 것 같은데 무슨 일이지 싶어 "네?"라고 반문했다. 그러자 "아니, 지금 스마트폰 하시잖아요?"라는 답이 돌아왔고, 나는 여전히 영문을 모른 채 잔뜩 주눅이 들어 "네, 그런데요."라고 답했다. "아니, 그 연세에……."라는 말을 듣고서야 무슨 뜻인지 알 수 있었다. 노인네가 스마트폰을 할 수 있느냐는 감탄과 놀람, 그리고 어이없다는 반응이 뒤섞인 말이었던 것이다. 도대체 내가 몇 살로 보였기에 그런 반응이 나왔는지 나 역시 놀랐다.

주민센터나 은행에서 간단한 서류를 작성할 때도 황당한 경험을 한다. 직접 하겠다는데도 굳이 대신 써 주겠다는 통에 난감해지는 것이다. 다 쓰고 나면 어김없이 "글씨 잘 쓰시네요." 하는 말이 돌아온다. 칭찬인 것 같지만 썩 기분이 좋진 않다. 실제 잘 쓰는 깃도 아니고 괜히 무안하니까 하는 말이라는 걸 알고 있어서다. 장애 인권 교육하러 갔을 때 '여긴 왜 왔느냐'는 반응을 접한 적도 있었다. 머리가 허연 할머니가 올 곳이 아니라는 의미였다.

할머니와 인권 교육 강사는 도저히 연관 지을 수 없을 만큼 거리가 먼 존재일까? 머리가 허연 남자였다면 어땠을까?

억울한 일만 있는 건 아니다. 가끔 칭찬도 듣는다. 한번은 기계식 주차를 하게 되었다. 주차를 하고 나니 주차관리인이 말했다.

"운전 잘하시네요."

의외였다. 운전 경력 30년 동안 한 번도 들어 보지 못했던 말이었으니까. "그런가요?"하며 그냥 씨익 웃어 주었다. 그리고 '왜 운전을 잘한다고 하지?' 속으로 한참 생각했다. 할머니치고 잘한다는 의미인 듯했다. 운전을 능숙하게 하거나 기계식 주차를 겁내지 않는 할머니를 만나는 게 드물었던 모양이다. 아무튼 흰 머리 덕분에 운전 잘한다는 소리를 다 들어 봤다. 나쁘지 않았다.

피부가 좋다는 말도 자주 듣는다. 대부분 할머니인 줄 알았다가 머쓱해서 하는 말이긴 하다. 그래도 "주름도 하나 없으시고, 피부가 어쩜 그리 좋으세요?"라는 말을 들으면 칭찬으로 생각하려고 한다. 흰 머리에 대한 칭송도 자주 듣는다. 누군가 내게 '부티 나는 머리카락'이라고 했다. 펌도 염색도 하지 않아 머릿결을 유지하고 있는 건데 부티 나 보이기까지 한다니…… 없어 보이거나 구질구질해 보이는 것보다야 훨씬 낫다.

할머니로 보여 배려를 받은 적도 있다. 한 분식집을 찾았을 때 일이다. 가게 안쪽 카운터로 가서 김밥과 떡볶이를 주문했다. 주인으로 보이는 여자가 아주 잠깐 멈칫 하더니 카드를 받아 결제를 해 주었다. 자리에 앉아 주문한 음식을 기다리다 혼자 웃었다.

그제야 문 앞에 있는 키오스크가 보였던 것이다. 사람들이 가게 안으로 들어서자마자 다들 키오스크로 주문을 했다. 나 역시 그랬어야 했는데 미처 보지 못했다. 주인은 왜 나에게 키오스크로 주문하라는 말을 하지 않았을까? 할머니라서 못 할 줄 알았을 것이다. 어쩌면 장애인이기 때문에 할 수 없다고 여겼을지도 모른다. 키오스크로 주문하는 것이 어렵지 않은 내겐 지나친 배려였다. 한번 물어보아도 좋았으련만. 어쨌든 배려를 해 준 것이니 고마울 따름이다.

나는 장애인이자 곧 노년을 맞이하게 되는 여성이다. 하지만 장애와 여성, 노년이라는 조건이 단순히 더해지는 것이 아니라 이 세 가지 조건이 합쳐지면서 장애 차별과 성차별, 노인 차별의 합산으로는 설명할 수 없는 새로운 삶을 경험하고 있다. 그래서 한정된 범주와 한정된 경험으로 스스로를 설명하기가 점점 더 어렵게 느껴진다. 세상살이 참, 힘들다.

장애인도 자꾸 돌아다녀야 한다
고립과 은둔은 해롭다

여성이면서 장애인이면 '여성'보다 '장애'가 먼저 눈에 들어온다. 남성이면서 장애인이어도 마찬가지. 장애인은 무성적인 존재로 인식되기 쉬우며 욕망의 대상으로 전제되지도 않는다.

목발을 짚은 나를 보고 사람들은 '여성'으로 먼저 인식하지 않는다. 노인이거나 혹은 장애인일 뿐이다. 차별과 낙인은 그렇게 작동하기 시작한다.

"힘드니까 집에 있으란 말은 장애인과 노인을
한꺼번에 차별하는 발언이다. 나쁜 의도 없이 하는 말도
차별이 될 수 있다. 사회적 관계를 위해 힘들어도
밖에 나갈 수 있도록 비장애인, 성인 남성 위주로 만들어져 있는
환경이 바뀌어야 한다."

내 아이를 함께 키워 준 사람들

"이제 일어나야지."

여름방학이라고 한껏 게으름을 부리는 아들 찬이를 깨웠다. 찬이가 눈을 뜨더니 씨익 웃는다. 덩달아 웃음이 나온다. 좀처럼 한 번에 일어나는 법이 없는 녀석이 웬일인가 싶다.

"그렇게 웃으면 내가 반하잖아."

찬이가 화답한다.

"우리 사귈까?"

나는 시크한 척 심드렁하게 말한다.

"그러든지."

아침 댓바람의 고백놀이. 우리는 자주 이렇게 논다. 성인이 되었지만 아직도 내게 기쁨을 주는 찬이.

찬이는 마흔한 살에 얻은 아들이다. 찬이는 친가와 외가 식구들에게 아낌없는 사랑을 받았다. 엄마, 아빠의 결혼이 늦어져 양쪽 집안에서 가장 나중에 태어난 아기였기 때문이었다. 오랜만에 아기 울음소리와 재롱을 접하게 된 양가 친척들에게 찬이는 선물 같은 존재였다. 조건 없는 사랑과 관심, 그리고 축복 속에서 찬이는 무럭무럭 잘 자라 주었다.

뿐만 아니었다. 찬이는 엄마 뱃속에서부터 엄청난 환대를 받았다. 찬이에게는 나중에 이모가 되어 준 수많은 동료, 선후배 활동가들이 있었다. 찬이는 소설 쓰는 김미선, 만화 그리는 장차현실 등 여러 이모들에게 태아 환영식까지 받았다. 모두가 한마음으로 고마움을 전하며 환영한다는 말을 했다. 이 엄마에게 태어나는 건 탁월한 선택이라며 축복해 주었다.

출산을 앞두고 나 역시 걱정이 많았다. 하지만 그때 새 생명 앞에서 이상하게도 넉넉한 마음을 가질 수 있었던 건 그들 덕분이었다.

찬이가 대학에 합격했다는 소식을 전하자 양가 가족들은 물론 내 선후배인 이모들에게서 격려금이 전해졌다. 등록금을 내고도 남을 정도가 되니 문득 찬이가 말했다.

"아무래도 내가 받을 돈이 아닌 것 같아. 엄마 쓰세요."

경우까지 밝은 녀석.

코로나19 때문에 찬이는 고등학교 입학식도 못 해 보았다. 고등학교 1, 2학년은 온라인 수업으로 겨우 때웠다. 집안에 머무는 시간이 많아지니 당연히 나와 여러 가지로 부딪혔다. 1교시 시작 전에 빨리 일어나라, 제발 세수만이라도 하고 온라인 수업에 들어가라 잔소리가 늘었다. 아이는 나름대로 듣도 보도 못 한 낯선 환경에 적응하려 애쓰는 중이었다. 헌데 엄마 눈에는 흐트러진 모습으로만 보였다. 아이는 꼬박 2년을 친구도 선생님도 없이 외롭게 보냈다.

그리고 뒤늦은 사춘기가 찾아왔다. 2학년 겨울방학 무렵이었다. 동급생들 모두 입시에 매진하는, 아니, 매진하도록 내몰리는 고3을 앞두고 길을 잃었던 것 같다. 순하고 모범적이었던 아이라 무척 당황스러웠다. 찬이의 사춘기는 고3이라고 해서 얌전히 비껴가지 않았다. 공부는 뒷전이고 게임에만 몰두하는 아이가 곱게 보일 리 만무했다. 한계가 왔다.

"대체 어디까지 가겠다는 거야? 해도 해도 너무한 거 아니야? 너 곧 고3이라고."

참아 왔던 울분을 쏟아냈다. 찬이도 가만있지 않았다. 제 방에서 나가 달라고 소리쳤다.

"내가 언제 너한테 공부하라 잔소리 한 적 있어? 그런데 이건 아니잖아?"

"잔소리 안 했지. 그런데 매일 따갑게 눈총 보냈잖아?"

잔소리 안 했다고 다가 아니라고 되레 따졌다. 그동안 말이 아닌 시선으로 억압하고 있었다는 것이다. 그것도 아이를 존중하는 민주적인 엄마인 척하면서. 나름 서러움과 억울함이 컸지만 물러서야 했다. 일보 후퇴한 뒤 다시 아들의 성장통을 지켜보기로 했다. 쉬운 일이 아니었다. 좋은 선택이 아닌 게 빤히 보이는데도 아이의 선택을 존중하려니 죽을 맛이었다. 그래도 스스로 책임지게 하려면 존중해야 했다. 공부해라, 학원 다녀라 다그치지 않았다고 나중에 원망을 들을지도 모르는 일이었다. 두려웠다.

우여곡절 끝에 대학에 진학한 아들은 드디어 진로를 고민하기 시작했다. 고등학교 때 학교에서 주야장천 진로 설정을 하라고 다그쳤건만 콧방귀도 뀌지 않더니. 이제야 앞으로 무엇을 해서 어떻게 먹고 살지가 현실로 느껴지기 시작하나 보다. 고민을 하기 시작했다는 것만으로도 반가울 따름이다. 내 나이 스무 살에는 그보다 더 막연했으니까. 나는 아들에게 천천히 찾아보라는 말밖에는 해 줄 말이 없다.

그렇다고 마냥 방관만 하는 건 아니다. 틈만 나면 아들이 가지고 있는 강점을 어필한다.

"너만큼 사랑받고 자란 아이도 없을 거야. 사랑을 많이 받은 사람은 뭐가 달라도 다른 법이거든."

"유머 감각도 있잖아. 다른 사람 빵빵 터지게 하는 거 쉬운 일 아냐."

"국제고에서 영어로 수업 받은 경험은 아무나 하니? 조금만 보완해 보자."

"너는 공감 능력이 뛰어나잖아. 사회 생활하는 데 공감 능력이 얼마나 중요한데?"

엄마, 아빠에게 장애가 있어서 그런지 아들은 공감 능력이 발달한 편이다. 그래서 엄마인 내게도 여느 딸 못지않게 살뜰하다.

"내가 그래?"

찬이는 반신반의한다.

"엄마, 아빠의 장애 때문일까? 아무래도 힘든 일이 많았을 거 아냐? 그 과정에서 공감 능력이 발달한 것 같아."

안쓰러운 마음에 대견한 마음까지 더해져 나는 확신에 차서 말한다.

"근데 나는 엄마, 아빠의 장애 때문에 힘들지 않았어. 나이가 많아서 힘들었던 거지."

반전이었다. 엄마, 아빠의 장애 때문에 힘들지 않았다니. 비가 쏟아져도 우산을 씌워 주지 못했던 순간, 차 안에서 잠든 아이를 업어 주지 못해 억지로 깨워야 했던 순간, 순간들……. 찬이를 키우면서 가슴 아팠던 순간이 참으로 많았다. 그러나 그건 엄마인 내 입장이었나 보다. 찬이는 엄마, 아빠의 나이가 많아서 이해받지 못하는 아픔이 더 컸다고 했다.

아이 입장에서 돌이켜 보니 어이없는 순간들이 떠올랐다. 어린이집 다닐 때 일이었다. 재롱잔치 영상을 담은 시디를 어린이집에서 판매했는데 굳이 필요하겠나 싶어 사 주지 않았다. 그런데 며칠 뒤 선생님이 자기만 시디를 주지 않았다며 아이가 울었다. 추석을 앞두고 한복을 입혀 등원시켜 달라는 안내가 있었을 때도 평상복을 입혀 보냈다. 한 번밖에 입지 않을 한복을 굳이 살 필요 없다고 여겼던 것이다. 그런데 행사에 가 보니 한복을 입지 않은 아이는 찬이뿐이었다. 어찌나 미안하던지……. 다른 엄마들은 한 번을 입힐지언정 갖춰 입히는 분위기였던 것이다. 그때는 기성품 한복을 인터넷에서 값싸게 살 수 있는지조차 몰랐다. 한복 대여점도 흔하고 흔했는데 말이다.

초등학교 때도 비슷한 일이 있었다. 찬이는 사촌누나인 성신에게 물려받은 멜로디언을 들고 다니기 부끄러워했다. 분홍색인데다 누나의 이름과 학년, 반까지 버젓이 써 있었으니 그럴 만했다. 아이가 새것을 사 달라고 말한 적이 있었지만 대수롭지 않게 여겼다. 대신 은빛 포장지로 감싸 분홍색과 글씨를 가려 주었다. 이제 와 생각해 보니 찬이 입장을 고려하지 않은 처사였다. 아이가 얼마나 창피했을까? 멜로디언이 몇십만 원 하는 것도 아닌데, 왜 새로 사 줄 생각을 하지 않았을까?

아이의 자존감보다 절약이 우선이었던 나는 확실히 늙은 엄마였다. 대한민국에서 아이 한 명 키우는 데 3억 6천만 원이 든다고 하는데, 우리 찬이에게는 그동안 5천만 원도 쓰지 않았다. 그걸 무척 자랑스럽게 여겨 왔는데, 거기에 아이 입장은 과감하게 생략되어 있었던 것 같다.

엄마, 아빠의 나이 때문에 힘들었다는 아이의 말을 듣는 순간 이제까지 놓쳐 왔던 것들이 한꺼번에 보였다. 엄마라는 이유로 내 기준과 내 입장만 고수해 왔던 꼰대. 찬이가 낱낱이 거론하지 않는데도 마치 눈앞에서 비디오테이프가 돌아가는 것 같았다. 나름의 원칙을 가지고 치열하게 살아왔지만 아이 앞에서 나는 별 수 없이 억압적인 양육자였다. 아이는 40년이라는 세대 차를 감수하느라 얼마나 힘들었을까? 그나마 장애 때문에는 그리 힘들지 않았다니 다행이라 여겨야 할까? 미안하고 고마울 따름이다.

얼마 전 고등학교 친구를 만나고 온 찬이가 말했다. 친구가 집안 문제 때문에 무척 힘들어 한다고. 그런데 친구를 위로해 주지 못했다고. 머리로는 알 것 같은데 마음으로는 얼마큼 힘든지 솔직히 잘 모르겠다고. 그리고 어떻게 말해 줘야 할지 도통 모르겠어서 너무 답답하다고. 자기는 너무 편하게만 살아온 것 같다며 자책까지 했다. 친구의 아픔에 공감하며 어떻게든 위로해 주고 싶은 마음이 고스란히 전해졌다. 평소 나도 마음이 쓰였던 아이 이야기라 더 그랬다.

허나 위로가 어디 쉬운 일이랴. 섣부른 위로보다 맛있는 밥 한 끼 같이 먹는 게 나을 수 있는데, 아이는 친구에게 뭔가 해 주고 싶은 마음이 크다 보니 자신이 무력하게 느껴졌다 보다. 나는 그런 찬이를 위로해 주었다. 60년 넘게 살아오면서도 여전히 서툴지만 성심을 다해. 나는 이렇게 아들 찬이와 함께 사람과 세상에 대해 조금씩 배워 나가고 있다.

아이는 혼자 키울 수 없다. 찬이를 키우면서 혼자인 것 같은 순간이 수시로 엄습해 왔지만, 나 역시 혼자 키우지 않았다. 양가 할머니들은 연세가 많았고 언니들도 모두 직장 생활을 하고 있어 아기를 돌봐 줄 상황이 아니었다. 그때 이웃집 할머니가 큰 힘이 되어 주었다. 순하디 순했던 우리 아기도 한두 번 울음을 그치지 않았던 때가 있었다. 그럴 때 이웃집 할머니가 와서 안고 서성대면 언제 그랬냐는 듯이 곤히 잠이 들곤 했다. 외출하거나 귀가할 때도 할머니가 기꺼이 도와주셨다. 아기가 목을 가누지 못하던 갓난아기 때 우리 부부 둘이서는 어쩔 도리가 없었다. 언제든 전화하라시던 그 할머니가 계셔서 참으로 든든했다.

서울시에서 보내 주었던 '홈헬퍼'도 도움이 되었다. 비록 예산이 한정되어 있어 일주일에 2~3일, 하루 2~3시간이었지만 독박 육아의 숨통을 트이게 해 주었다. 목욕시킬 때 홈헬퍼가 있어 든든했고, 특히 예방접종을 할 때 아기를 대신 안아 줄 수 있어 큰 도움이 되었다. 무엇보다 홈헬퍼가 아이를 봐 주면 적어도 밥 먹을 수 있는 15~20분을 확보할 수 있어 좋았다. 더 이상 싱크대에 선 채로, 국에 만 밥을 삼키지 않아도 되었다. 간혹 홈헬퍼에게 아기를 맡기고 장을 보거나 은행에 다녀오기도 했다.

홈헬퍼 '몽이 이모'는 우리 찬이가 학교에 들어가기 전까지 꽤 오래 도움을 주신 고마운 분이다. 반려견 몽이 사진을 자주 보여 주셔서 우리 찬이가 몽이 이모라고 불렀다. 찬이를 친손주처럼 아껴 주셔서 믿고 맡길 수 있었다. 그런데 아이는 몽이 이모를 잊은 것 같다. 얼굴이 생각나지 않는단다. 워낙 어릴 때 일이니 그럴 법도 하다. 나는 몽이 이모가 가끔 그립다. 육아하랴 일하랴 툭하면 번아웃 되었던 내게 "에고, 또 무리하셨구나!"라며 곱게 눈흘겨 주었던 분. 얼른 죽을 끓여, 먹어 보라고 건네주었던 분. 가장 가까운 곳에서 나를 걱정해 주고 챙겨 주셨던 분이다.

동네에서도 도움을 준 이모들이 있었다. 나보다 무려 열 살, 심하게는 스무 살 정도 나이 차가 나는 동네 엄마들이 기꺼이 손을 내밀어 주었다. 찬이와 같은 어린이집에 다니던 종민 엄마는 중국인이었고, 나보다 스무 살이나 어렸다. 어린이집에 오가던 길에서 자주 만나다 보니 자연스럽게 가까워졌다. 종민 엄마가 먼저 자신의 집으로 초대했다. 자주 놀러 오라고 했지만 일하느라 좀처럼 시간을 내지 못하는 걸 알고는 멸치볶음 같은 밑반찬도 가끔 챙겨 주었다.

지방 출장을 다녀와야 할 때 나는 종민 엄마에게 찬이를 맡겼다. 어린이집 하원 시간에 맞춰서는 도저히 귀가할 수 없는데다 아이의 저녁밥을 챙길 사람도 필요했다. 그때 남편은 아이의 끼니를 챙기는 걸 무척 부담스러워했다. 남편도 나와 비슷한 정도의 장애를 갖고 있지만 그는 돌봄을 받기만 했지 감당해 본 경험이 없기 때문인 듯했다. 자신의 두 아이를 챙기느라 그렇지 않아도 힘들 종민 엄마에게 미안해하며 부탁하면 그는 말했다.

"언니, 저는 찬이가 우리 종민이랑 노는 게 좋아요. 둘이 얼마나 잘 노는데요. 제가 챙겨 줄 일도 없어요. 그러니 걱정 말고 다녀오세요."

찬이는 종민이와 함께 책도 보고 영화도 보고 레고도 맞추면서 잘 지냈다. 말할 때 발음이 아주 조금 어색한 종민이가 찬이와 웃고 떠들면서 활발해진다며 좋아했다.

"엄마, 종민이 엄마가 떡볶이 해 줬어. 진짜 맛있었어."

"종민이네서 불고기 먹었어. 잡채도 먹었어."

종민이네 다녀올 때마다 찬이는 맛있는 음식을 먹었다고 자랑했다. 찬이를 제 아이들처럼 챙겨 준 종민 엄마가 곁에 있어 참 든든했다.

찬이가 초등학교에 입학한 뒤에도 엄마인 나는 바빴다. 학교 수업이 끝나면 찬이는 돌봄교실에 있다 피아노와 태권도 학원으로 갔다. 저녁 6시쯤 엄마 돌아올 시간이 되면 찬이는 학원 차를 타고 집으로 돌아왔다. 종민네가 이사를 간 뒤로는 동네 친구도 동네 엄마도 만날 기회가 없어졌다.

어느 날 찬이 학교 운동회 날이었다. 멀찌감치 아이들을 바라보던 내게 동네 엄마가 다가와 인사를 했다.

"언니! 저 재용이 엄마에요. 찬이와 1학년 때 같은 반이었어요."

"아, 그래요? 반가워요."

대꾸를 하면서도 나는 좀 어색했다. 한 번도 얼굴을 본 기억이 없었다. 그런데 재용 엄마는 언니, 언니 하면서 오랜 친구처럼 대해 주었다.

"저 언니네 바로 맞은편 아파트 살아요. 애가 셋이고요. 재용이가 맏이고, 밑으로 딸이 둘 있어요."

"형제가 있어 재용이는 참 좋겠어요. 우리 찬이는 만날 심심하다고 그래요."

"하루도 조용할 날이 없죠. 뭐. 그런데 찬이는 영어 공부 어떻게 했어요?"

"공부 안 했어요. 학원 다닌 적도 없고요. 대회 나가 보고 싶다고 해서 연습 좀 한 것 말고는."

"근데 상을 탔어요? 대단하다!"

"좀 잘난 척으로 들리죠?"

"아니요. 신기해요. 유치원 때부터 학원 다녔던 아이들도 상 타기 힘들잖아요."

그 얼마 전에 있었던 영어 동화 구연 대회 이야기였다. 사실 찬이는 얼떨결에 대회에 나가겠다고 했다가 연습하면서 많이 힘들어 했다. 대회가 열리기 삼일 전까지만 해도 괜히 신청했다며 후회했다. 경험이 없으니 당연했다. 그래서 "상 못 타도 돼. 너보다 잘하는 아이들 많을 거야. 그렇지만 한번 해 보는 거지, 뭐. 이제 와서 취소할 수도 없잖아. 피할 수 없으니 즐겨 봐."라고 말해 주었다. 다 큰 어른들에게나 할 법한 말이었는데도 찬이는 찰떡같이 알아들은 것 같았다. 그리고 며칠 연습을 하더니 우수상을 받았다. 대회에서 찬이는 또래들보다 떨지 않고 침착했다. 아마도 상을 받아야 한다는 압박이 덜했기 때문이었을 것이다.

찬이가 영어 동화 구연 대회에서 상을 탄 것이 동네 엄마들 사이에서 화제가 되었던 모양이었다. 어떻게 공부를 시켰는지 궁금하던 차에 나를 만난 재용 엄마가 대놓고 물어본 것이었다. 단지 호기심만은 아니었던 듯 처음 대화를 시작한 뒤로 재용 엄마는 '언니', '언니' 하면서 스스럼없이 다가왔다. 그리고 동네 엄마들 모임에도 불러 주었다. 아이들 생일파티에도 찬이를 끼워 주었고, 놀이공원에도 데려가 주었다. 늘 시간에 쫓겼던 나는 엄마들과 자주 만나지도 못했다. 그래도 재용 엄마는 잊지 않고 찬이를 챙겨 주었다.

"언니! 찬이 뭐해요? 우리 집에 보내요. 우리 애들하고 삼겹살 구워 먹일게요."

휴일에 찬이가 재용이네 놀러 가면 온전히 쉴 수 있었다. 나는 과일이나 떡, 감자 같은 게 생기면 나눠 먹는 게 고작이었다. 열 살이나 많은 언니면서. 별거 아닌데도 그는 세 아이가 엄청 잘 먹었다며 인사를 잊지 않았다.

중학교 졸업식 하루 전에도 재용 엄마의 전화를 받았다.

"언니! 찬이 꽃다발 준비했어요?"

"아니, 꽃다발 준비할 생각도 안 했는데?"

"그럴 줄 알고 제가 준비했어요. 지금 가져다 드릴게요."

재용 엄마는 손수 만든 꽃다발을 가져다주면서 찬이에게 졸업 축하한다는 말을 직접 전했다.

돌이켜 보면 종민 엄마, 재용 엄마 같은 이웃이 있었기에 부족했던 엄마를 대신해 찬이가 충분히 보살핌을 받을 수 있었다. 그렇게 우리 찬이는 동네 이모들이 함께 키워 주었다. 장애인 엄마라고 냉대하거나 삐딱하게 보지 않고 이웃으로 기꺼이 환대해 준 엄마들이 있어 나는 독박 육아의 무거운 짐을 덜 수 있었다.

엄마들에게는 혼자 감당하기 버거운 육아를 함께해 줄 손길이 절실하다. 장애 여성 엄마들은 더욱 그렇다. 서울시에서는 지금도 홈헬퍼 서비스를 시행하고 있어 장애 여성들의 육아 동반자가 되어 주고 있다. 아쉬운 점도 물론 있다. 20여 년 동안 주장해 왔는데도 홈헬퍼의 전문성은 나아지지 않고 있다. 지체장애, 시각장애, 청각장애, 발달장애 등 장애 유형에 따라 필요한 서비스가 다른데, 요구에 따른 서비스를 받기는 아직도 어렵다. 돌봄 노동이 점차 사회화되고 있는데도 여전히 저비용의 낮은 품질로 때우고 있기 때문이다. 돌봄 노동을 감당하고 있는 인력들 대부분이 오십 살이 넘은 여성들인 것은 새삼스러운 현상이 아니다. 여성, 그것도 나이든 여성들의 노동 가치는 저평가된 채로 불안정하고도 강도 높은 노동에 내몰리고 있다.

상대적으로 노인 요양보호사, 산후조리사의 전문성은 과거보다 상당히 높아졌다. 그런데 왜 장애인 활동지원사, 장애 여성 홈헬퍼는 여전한 걸까? 우리 사회에서 장애인이 노인과 유아에 비해 현저하게 낮게 평가되고 있는 현상과 무관하지 않아 보인다. 유아는 우리 사회 미래를 이끌어 갈 잠재 인력이므로 잘 성장하도록 지원해야 하고, 노인은 과거 우리 사회를 이끌어 왔던 산업 역군이었으므로 존중받아 마땅하다고 여기지만 장애인은 쓸모가 없다고 보기 때문일까?

장애인에게 쓰이는 예산에는 늘 논란이 따라다닌다. 그래서 생신성, 효율성이 없다고 보는 근시안적인 안목이 오히려 발전을 가로막는 장벽이 된다. 그나마 홈헬퍼 서비스가 아예 없거나 1년 3백만 원, 5백만 원 정도의 적은 예산이라 효과성을 기대하기 어려운 지자체도 있다. 장애를 갖고 있는 부모의 육아 부담은 지역이라고 해서 다르지 않을 것이다. 사람들의 선의에만 기대지 않고 편의를 제공받는 제도가 안정적으로 자리잡았으면 좋겠다.

장애인도
아이를 잘 키울 수 있다

아이는 혼자 키울 수 없다. 찬이를 키우면서 혼자인 것 같은 순간이 수시로 엄습해 왔지만, 나 역시 혼자 키우지 않았다. 이웃집 할머니에게, 서울시에서 보내 준 '홈헬퍼' 이모에게, 아이 친구의 엄마들에게, 그리고 또다른 수많은 이모들에게 도움을 받았다.

장애인 엄마라고 냉대하거나 삐딱하게 보지 않고 이웃으로 기꺼이 환대해 준 이들이 있어 독박 육아의 무거운 짐을 덜 수 있었다. 엄마들에게는 혼자 감당하기 버거운 육아를 함께해 줄 손길이 절실하다. 장애 여성 엄마들은 더욱 그렇다.

"우리 모두는 삶의 다양한 순간에
다른 사람을 보살피고 보살핌을 받는다.
우리는 서로에게 의존하며 살아간다.
장애인은 부족하거나 모자란 사람이 아니라
보살핌이 좀 더 필요한 존재다."

무사히 할머니가 되었다

처음 목발을 사용해 본 것은 초등학교 입학을 앞둔 어느 날이었다.

"학교 다니려면 이거 짚는 연습을 해야 돼."

엄마가 목발을 내밀었다. 전날 아버지가 사다 주셨다고 했다. '아, 나도 학교 다닐 수 있겠구나!' 싶어 안심이 되었다. 속으로 은근히 불안했다. 혹시라도 학교에 가지 말라고 할까 봐. 만일 학교에 가지 못하게 되면 어찌 될지 수도 없이 상상했다. 동네 친구들은 모두 학교에 가고 난 뒤 나만 집에서 뒹굴뒹굴 지낼 걸 생각하면 앞이 캄캄했다.

"이걸 짚고 제대로 다닐 수 있을지……."

기대보다 걱정이 앞섰던 엄마는 혼잣말처럼 되뇌었다.

'왜 그렇게 걱정을 하는 거지?'

학교에만 갈 수 있다면 나는 뭐라도 할 수 있을 것 같았다. 어차피 다른 방도가 없지 않은가? 해 보지도 않고서 걱정만 하면 무슨 소용인가?

"할 수 있어요! 잘할 수 있어요!"

나는 다소 과장되게 자신감을 보여야만 했다. 나까지 덩달아 쭈뼛거렸다가는 금세 학교에 가지 말라는 말이 나올까 봐 그랬다.

"자, 이거 짚고 천천히 걸어 봐라."

엄마는 하는 수 없다는 듯이 목발을 내주었다.

목발을 양 겨드랑이 사이에 끼워 넣고 양쪽 손잡이를 꼭 잡았다. 양 목발을 어긋나게 내디디며 한 발짝, 두 발짝 옮겨 보았다. 처음 해 보는 것치곤 제법 잘 되는 것 같았다.

'오호! 나 진짜 학교 갈 수 있을 것 같아.'

가슴이 뛰었다. 조금씩 속도가 붙었다. 네 발짝, 다섯 발짝⋯⋯. 천천히 조심해서 걸으라며 엄마가 주의를 주었지만 귓등으로 흘려 버렸다. 그러다 대문 앞에서 넘어지고 말았다. 하필 철 대문 모서리에 턱이 찢겨 피가 났다. 엄마의 등에 업혀 동네 병원으로 향했다. 대여섯 바늘을 꿰매고 집으로 돌아오는 길, 엄마의 한숨은 깊고도 무거웠다.

목발에 익숙해지기까지는 꽤 오래 걸렸다. 목발 사용에 서툴렀던 무릎은 언제나 상처투성이였다. 상처가 채 아물기도 전에 다치고 또 다치고⋯⋯.

그럴 때마다 엄마는 늘 말했다.

"또 넘어졌어? 그러게 집에 있으라니까⋯⋯."

엄마에게는 세상 어디든 온통 위험한 곳이었다. 장애 딸을 보호해야 할 책임이 있었기에 그건 당연했다. 하지만 무릎과 팔, 다리 등 온몸이 성할 날이 없었어도 나는 주저앉을 수 없었다. 만일 엄마의 바람대로 사방에 도사리고 있던 위험을 피해 집에만 있었다면 지금쯤 나는 어떻게 되었을까?

스물일곱 살에 여수 애양병원에서 수술을 받았다. 첫 번째는 휘어진 다리의 뼈를 곧게 펴는 수술이었고, 두 번째는 힘줄 수술이었다. 1차 수술에서는 허리부터 통 깁스를 했기에 6개월 정도 옴짝달싹 못 하고 지냈다. 2차 수술에서는 한쪽 다리에 반 깁스를 했다. 왼쪽 다리에 힘이 조금 더 생기고 휘어 있던 오른쪽 다리를 곧게 펴기까지 1년이 넘게 걸렸다.

보조기를 맞추었다. 보조기를 착용하게 되니 집안에서는 목발 없이 이동할 수 있게 되었다. 특히 요리나 빨래 등 가사를 할 때 편리했다. 치마도 입고 예쁜 구두와 샌들도 신을 수 있게 되었다. 남들에게 예쁘게 보였을지는 잘 모르겠다. 나 스스로 만족스러우면 그만이었다.

사실 수술만 하고 나면 목발 없이도 두 다리로 걸을 수 있게 될 줄 알았다. 하지만 목발 하나를 버리는 정도로 만족해야 했다. 그런 내게 사람들은 힘든 수술을 두 번이나 하고도 왜 목발을 짚고 다니느냐고 물었다. 두 다리만으로 걸을 수는 없지만 여러 가지 변화가 있다고 설명해도 시큰둥한 반응들이었다. 혹시 기적이라도 바란 걸까? 목발을 버리고 걷는다 해도 나는 여전히 장애인인데…….

나 역시 이 정도 나아지려고 두 번의 수술을 견뎠나 싶은 생각이 없진 않았다. 하지만 받아들이기로 했다. 일상에 가져다준 소소한 변화로 만족하는 쪽을 택했다. 휠체어에서 벌떡 일어나 목발을 집어 던지고 달리는 기적 따윈 영화에서나 볼 수 있는 장면이니까. 장애는 나아질 수 있는 게 아님을 이미 잘 알고 있었으니까. 나아지기는커녕 점점 나빠질 일만 남아 있는 상황에서 보조기를 신고 실내에서 마음껏 돌아다닐 수 있게 된 게 어딘가!

전동휠체어는 일상에 혁명을 가져다주었다. 마흔이 넘어 육아를 하던 내겐 매일 아침 아이를 어린이집에 데려다 주는 평범한 일상조차 버거웠다. 안을 수도, 업을 수도 없었기에 천방지축인 아이를 걸려서 데리고 다녀야 했다. 아이가 컨디션이 좋지 않거나 어린이집에 가기 싫어할 때는 특별한 일이 아니고서는 차라리 아이를 데리고 집에 있는 쪽을 택했다.

특히 병원 데려가는 일이 가장 힘들었다. 열이 펄펄 끓을 때 아이는 제 힘으로 걷기 힘들어 했다. 그런 아이를 달래고 어르며 병원에 다녀오고 나면 파김치가 되어 버렸다. 고열에 시달리는 아이 곁에서 뜬눈으로 밤을 보내고 나면 내 몸도 납덩이처럼 무거워졌다. 아이가 열이 떨어질 무렵이면 어김없이 나도 아팠다. 그럴 때마다 "자기 몸도 성치 않으면서 애는 왜 낳았어요?" 하던 동네 사람들의 말이 폐부를 찔렀다. 남들처럼 엄마가 되고 싶다는 괜한 욕심 때문에 아이에게 몇 배의 고생을 시키고 있는 것 같아 자책감에 시달렸다.

전동휠체어가 생겼다. 중증 장애인이라면 〈국민건강보험공단〉에서 비용의 90퍼센트를 지원해 준다. 다만, 최대 209만 원 범위라는 한도가 있다. 그래서 좋은 제품을 구입하려면 추가로 비용을 부담해야 한다. 10퍼센트에 해당하는 20만 9천 원을 내고 구입할 수 있는, 209만 원 상당의 전동휠체어는 있으나 마나한 물건이나 마찬가지다. 장애인의 사회 활동이 늘어났기 때문에 배터리 용량을 감안하면 350만 원~700만 원 대의 전동휠체어가 필요하다. 그래서 장애인들은 150만 원~500만 원의 비용을 더 들여서 이동하기 원활한 제품을 사서 타고 다닌다. 전동휠체어 이전의 삶과 이후의 삶은 비교할 수 없을 정도니까.

나 역시 전동휠체어를 타고 아이를 무릎에 앉히니 어린이집에 갈 때도 병원에 갈 때도 아무 문제가 없어졌다. 우는 아이를 억지로 걸릴 일도, 물 먹은 솜뭉치처럼 무거운 발걸음을 내디딜 일도 없었다. 천 리 길 만 리 길이었던 병원 가는 길이 하나도 부담스럽지 않았다.

병원뿐인가. 쇼핑도 쉬워졌다. 물론 이 주일에 한 번 정도 온라인으로 주문해 배달을 받았지만, 늘 부족한 게 있었다. 두부라든가 대파, 식용유 같은 소소한 것들이 필요할 때가 있었다. 그럴 때 전동휠체어를 타고 쌩하니 나가서 바로 사 올 수 있었다. 전동휠체어가 없을 때는 상상도 할 수 없는 일이었다. 예전에는? 그냥 포기했다. 두부를 넣지 않은 된장찌개를 먹는다든가 식용유를 사용해야 하는 요리는 미루는 식이었다. 그러니 삶의 질이 낮을 수밖에. 전동휠체어를 사용하게 되면서 달라졌다. 더 이상 괜히 아이를 낳아 고생시킨다는 자책을 하지 않아도 될 만큼.

지체장애를 갖고 있는 몸은 단지 걷지 못하는 몸이 아니다. 일상의 소소한 영역에까지 깊숙이 영향을 미친다. 하지만 걷지 못한다는 것은 다른 다양한 방식으로 걸을 수 있다는 의미이기도 하다. 나는 그동안 목발과 보조기, 전동휠체어로 다리의 기능을 보완해 가며 걸어왔다. 점점 심해지고 있는 어깨와 팔의 통증으로 보아 목발을 사용할 수 있는 날도 얼마 남지 않은 것 같지만.

휠체어를 사용하게 되면 따라서 바뀌어야 할 것들이 생긴다. 전동휠체어를 탄 채로 운전할 수 있는 자동차로 개조를 하거나 자동차에 싣기에 좀 더 가벼운 전수동 휠체어*가 필요해진다. 수동휠체어는 누군가 밀어 주지 않고는 원하는 곳으로 가는 데 제약이 많기 때문이다. 집안 구조도 바꾸어야 한다. 휠체어에 탄 채로 욕실과 화장실에 드나들 수 있도록 지지해 주는 발판이 필요하며 휠체어에서 변기나 욕조로 옮겨 가려면 안전 바도 설치해야 한다. 아는 언니 집에 놀러 갔더니 거실과 화장실에 안전 바가 있어 무척 편리했다. 주방도 개조해야 한다. 휠체어에 탄 채로 요리

---

* 전수동 휠체어는 수동휠체어처럼 가벼워 차에 싣기에 편리하면서 전동휠체어처럼 전기로도 움직일 수 있는 휠체어를 말한다.

하고 설거지하려면 높낮이가 조절되는 싱크대도 필요하다.

이 모두에는 다 비용이 따른다. 경제 활동하는 데 아직도 제약이 많은 장애인 개인이 감당할 수 있는 비용이 아니다. 하지만 정부 보조는 없다. 어쩌다 복지관이나 단체에서 시행하는 사업의 혜택을 받을 수 있는 행운에 기대야 한다. 집안에서 편리하고 안전하게 생활할 수 있는 것도 마땅한 권리라는 인식이 아직 부족해서다. 어쩌면 가장 기본적이고도 최소한의 권리이건만 이마저도 사치로 여겨지고 있어서다.

특히 안전 바는 휠체어 사용자뿐 아니라 거동이 어려운 어르신에게도 꼭 필요한 보장구다. 사실 지지 발판이나 안전 바 정도는 엄청난 기술력이 필요한 것도, 가격이 어마어마하게 비싼 것도 아니다. 그런데도 노인 인구가 20퍼센트 정도나 되는 우리나라 어르신 가정에 안전 바가 설치되어 있는 집이 과연 얼마나 될지 의문이다.

기술력의 문제가 아니다. 나이 듦을 받아들이고 그 자체 있는 그대로 함께 살아가려는 의지가 부족한 탓이다. 젊은 몸, 건강한 몸만 이상적인 몸으로 여기고 그 기준에서 벗어나는 몸을 존중하기는커녕 왜 젊은 몸처럼 아무렇지 않은 척, 건강한 척 살아내지 않느냐고 가혹하게 몰아붙이는 문화 때문이다.

그런 사회 속에서 우여곡절은 많았지만 무사히 할머니가 되었다.

　　　무사히 할머니가 될 수 있을까

죽임당하지 않고 죽이지도 않고서
굶어죽지도 굶기지도 않으며
사람들 사이에서 살아갈 수 있을까

나이를 먹는 것은 두렵지 않아
상냥함을 잃어가는 것이 두려울 뿐
모두가 다 그렇게 살고 있다고
아무렇지 않게 말하고 싶지는 않아

발달장애인 장혜정의 언니이자 21대 국회에서 정의당 비례대표 의원이었던 장혜영의 〈무사히 할머니가 될 수 있을까〉라는 노래의 일부다. 이 노랫말처럼 죽임당하거나 굶어죽을 정도는 아니었지만 곳곳에 도사리고 있던 위험을 무릅쓰고 여기까지 왔다.

하루하루가 전쟁 같았다. 한순간도 긴장을 늦출 수 없었다. 예순 살의 나는 상상하기 힘들었다. 쉰 살까지만 살겠다고 입버릇처럼 말했다. 그런데 예순이 넘은 내가 지금 시퍼렇게 살아 있다. 무사히 할머니가 되었다. 나는 이 몸으로 여전히 사람들 사이에서 살아가고 있고, 앞으로도 살아갈 것이다.

기술 발달과
장애의 상관관계

지체장애를 갖고 있는 몸은 단지 걷지 못하는 몸이 아니다. 일상의 소소한 영역에까지 깊숙이 영향을 미친다. 하지만 걷지 못한다는 것은 다른 다양한 방식으로 걸을 수 있다는 의미이기도 하다. 나는 그동안 목발과 보조기, 전동휠체어로 다리의 기능을 보완해 가며 걸어왔다.

> "장애인에게 기적은 없다. 기적은
> 정상성이라는 기준이 만들어낸 허구다.
> 장애인은 그저 장애를 갖고 있는 몸으로 살아갈 뿐이다.
> 장애인과 함께 살아간다는 것은 정상성이라는 기준을
> 해체하는 일이다. 이제까지 놓쳐 왔던 장애 관점을
> 갖는다는 것은 다른 세계를 마주하는 일이다."

화가, 모드 루이스

넷플릭스에서 우연히 발견한 영화 《내 사랑》 원제는 「Maudie, My Love」이다. 처음엔 모드가 누군지 몰랐다. 영화 소개 글에는 '심각한 관절염'과 '아마추어 화가'라는 말이 있었다. 2018년 캐나다 영화상에서 7개의 상을 휩쓸었다는 사실은 나중에 알았다. 샐리 호킨스와 에단 호크가 주연을 맡았다는 것도.

모드 루이스Maud Kathleen Lewis는 캐나다를 대표하는 민속 화가였다. 나이브 아트naive art 화가로 일컬어지기도 한다. 나이브 아트란 정식 미술 교육을 받지 않고, 어떤 화풍에도 영향을 받지 않은 채 자유로운 방식으로 그리는 그림을 말한다.

많은 사람들이 어린아이 그림처럼 천진했던 모드의 그림을 좋아했다. 화사한 봄날 같은 선명한 원색의 시골 풍경을 보며 평화를 느낄 수 있으니. 로버트 스탠필드 캐나다 총리와 백악관에서도 모드의 그림을 샀으며, 캐나다의 우표에도 모드 루이스의 작품이 들어가 있다고 한다. 랜스 울러버가 쓴 모드 루이스 전기 『모드 루이스의 삶을 밝히다Illuminate Life of Maud Lewis』역시 『내 사랑 모드』라는 제목으로 번역되어 있다.

모드 루이스는 장애 여성이다. 1903년에 노바스코샤에서 태어났는데 턱의 기형, 뒤틀린 손가락과 굽은 몸을 가졌으며, 키가 다른 사람들보다 작았다. 류머티즘 관절염을 앓았다고 한다.

신체적 차이 때문에 또래 아이들과 어울리지 못했기 때문인지 어린 시절, 대부분의 시간을 혼자 보낼 수밖에 없었다. 그래도 부모님이 살아 계실 때까지 모드는 행복한 아이였다. 어머니와 함께 판매할 크리스마스 카드 그림을 그리면서 처음 예술의 세계에 들어섰다.

부모가 모두 세상을 떠난 뒤 모드는 오빠에게 버림받았다. 영화 《내 사랑》은 친척에게 맡겨져 천덕꾸러기 신세가 된 모드의 삼십 대부터 조명한다. 독립을 원했던 모드는 돈이 필요했기에 가사도우미를 구하고 있던 에버릿을 찾아간다. 지체장애가 있는 몸으로 무려 10킬로미터를 걸어서 찾아간 에버릿의 집은 작고 허름한 오두막이었다.

에버릿은 보육원에서 자라 가족 없이 혼자였다. 모드는 전기도 들어오지 않는 그 오두막에서 30년을 살았다. 그리고 자신이 가지고 있던 물감으로 벽에 그림을 그리기 시작했다. 작은 나무 판부터 쿠키 시트, 집 안의 스토브, 문, 빵 상자 등 그릴 수 있는 모든 곳을 그림으로 채워 나갔다. 그러다 어릴 적 어머니와 그렸던 것처럼 작은 크리스마스 카드를 그려 생선을 팔던 남편의 고객에게 5센트를 받고 팔기 시작했다. 모드의 카드는 인기가 있었고, 카드를 판 돈으로 에버릿은 모드에게 첫 유화물감을 선물했다.

남편 에버릿은 무뚝뚝한 남자였다. 모드를 달가워하지도 않았다. 모드의 몸이 도저히 집안일을 해낼 성싶지 않아서. 결혼을 하고 나서도 아내로서는 불만이 많았던 듯하다. 영화에서는 에버

모드 루이스가 살았던 작은 오두막. 캐나다 노바스코샤 미술관에 복원되어 전시되어 있다.
Art Gallery of Nova scotia(https://agns.ca/exhibition/maud-lewis-0/)

릿이 모드에게 "개보다 보살피기 힘든 사람"이라고 말하는 장면이 있다. 집을 나가 후원자의 집에서 지내고 있던 모드를 데려가려고 찾아가서는 이런 말을 한다.

그 말에 모드는 씩 웃으며 "개보다는 나아."라고 대꾸한다. 이 대사 한 마디로 두 사람의 관계는 분명해진다. 몸의 조건 때문에 성 역할에 충실할 수 없었을지는 몰라도 '개'보다 손이 많이 가는 여자라니, 심한 언어폭력이었다.

그러나 모드는 자긍심을 잃지 않는다. 그림의 세계가 있으니까. 모드는 장애로 인한 한계에 갇히지 않았던 자유로운 예술가였다. 아주 작고 뒤틀린 몸을 가졌지만 몸의 한계를 넘어 누구보다도 크고 강인했던 예술가였다. 어린 시절 잠깐 행복했던 기억을 오래도록 간직하며 그림으로 행복을 만들어낸 사람이었다.

영화에는 후원자가 그림을 가르쳐 줄 수 있느냐고 묻는 장면도 있다. 모드는 말한다.

"그건 아무도 못 가르쳐요. 그리고 싶으면 그리는 거죠. 외출을 자주 안 해서 기억에 있는 장면을 그려요. 만들어내는 거죠."

후원자는 창작열의 원천이 무엇이냐고도 물었다.

"저는 바라는 게 별로 없어요. 붓 한 자루만 있으면 아무래도 좋아요. 창문을 좋아해요. 지나가는 새, 꿀벌. 매번 달라요. 내 인생 전부가 액자 속에 이미 있어요."

모드의 그림 속 검은 고양이와 새끼 고양이, 통나무를 실어 나르는 말과 소, 항구의 배들과 부두 풍경, 사계절 바다 풍경에는 낙관주의와 활기가 넘친다. 그런데 모드는 소에 다리를 세 개만 그려 넣거나 소의 눈에 긴 속눈썹을 그리기도 했다. 눈 덮인 풍경 속의 가을 단풍, 길을 막은 소도 그려 넣었다.

책 『내 사랑 모드』의 저자 랜스 울러버는 그것이 실수가 아니라 의도였을 것이라고 보았다. 그런 특이한 장면들이 모드가 즐겁고 유쾌한 작품을 만들기 위해 꾸준히 사용했던 장치라는 것이다. 그러므로 그림을 배우지 못해서 저지른 실수로 평가 절하할 바가 아니라는 뜻이다.

모드가 남긴 그림들은 대부분 크기가 작다. 류머티즘 때문에 손을 많이 움직일 수 없었기 때문이다. 에버릿의 고객들부터 시작해 모드의 그림은 점점 입소문이 나기 시작했다. 작품이 사랑받기 시작하면서 마샬에 있는 오두막은 작업실이자 그림을 판매하는 화랑으로 바뀌었다. 모드 부부의 오두막이 노바스코샤 서부의 주요 고속도로이자 관광 루트였던 것이 도움이 됐다고 한다.

모드는 대문에 "그림을 팝니다"라는 팻말을 걸어 놓았고, 지나가던 사람들이 그림을 사기 시작하면서 더 유명해질 수 있었다. 그리고 CBC-TV의 다큐멘터리 프로그램인 〈텔레스코프〉에 출연하며 대중적 관심을 받게 되었다. '가족 나들이', '샌디코브의 전망', '에디 반스, 에드 머피, 롭스터 어부의 초상', '검은 트럭' 등의 작품은 비싼 가격에 팔렸다.

영화는 모드가 병원에서 숨을 거두는 장면으로 끝을 맺는다.

모드는 에버릿에게 "나는 사랑받았다"는 말로 마지막을 고한다. 이 영화에서 가장 마음에 들지 않는 장면이다. 한 남자의 사랑을 통해서만 비로소 완성될 수밖에 없는 반쪽짜리 여자의 서사라니, 너무 진부하지 않은가. 모드의 그림을 좋아했던 수많은 사람들에게 사랑받았다는 의미일지라도 영 마뜩치가 않다. 모드의 삶과 예술 세계를 그 자체로 긍정한 것이 아니라 타자화하고 있어서다. 그것이 '화가 모드'가 아니라 '내 사랑 모드'라는 제목이 붙은 이유인 것만 같아 찜찜함이 남는다. 영화가 아름답고 의미 있었다는 것은 차치하고라도 말이다.

여성 예술가들은 그의 예술 세계 자체로 조명 받지 못하는 경향이 있다. 누군가의 연인, 또는 아내, 어머니로 알려지곤 한다. 신사임당은 시, 글씨, 그림에 모두 뛰어났던 조선 초기의 대표적인 여성 화가지만 세상은 그를 율곡 이이의 어머니로만 기억한다.

허난설헌도 그렇다. 16세기를 살다 간 조선 중기의 시인이었던 그는 약 210여 수의 시와 글을 남겼으며, 『난설헌집蘭雪軒集』이라는 문집도 전해진다. 이름은 초희楚姬, 자는 경번景樊, 호는 난설헌蘭雪軒이다. 조선의 여인 중에서 이름과 자, 호가 모두 전하는 것은 매우 드물다. 양반가의 여인으로서 시인으로 이름을 남긴 사례 역시 조선시대 중 거의 유일할 것이다. 그런데 허난설헌 역시 그가 지녔던 풍부한 상상력과 문장력보다 허균의 여동생이었던 것, 자녀들을 잃고 스물일곱 살에 요절한 불행했던 삶에 대해 더 잘 알려져 있다.

「사의 찬미」로 한 시대를 풍미했던 성악가 윤심덕도 마찬가지다. 조선 최고의 소프라노였지만 그의 예술 세계는 뒷전으로 밀렸다. 사람들은 극작가이자 연극평론가였던 김우진과의 불륜과 현해탄 동반 정사情死에만 관심을 가졌다.

우리나라만의 현상은 아니다. 멕시코를 대표하는 화가 프리다 칼로Frida Kahlo도 오랫동안 화가 디에고 리베라Diego Rivera의 아내로만 조명되다 페미니스트들에 의해 재발견되고 재평가된 대표적인 여성 예술가다. 프리다는 여섯 살에 소아마비를 앓았고, 열여덟 살에는 전차 사고로 온몸이 부서지는 사고를 당해 장애를 갖게 된 뒤 평생을 고통 속에서 살았다.

하지만 프리다는 열여덟 살 이전부터 이미 혼자였으며, 놀림과 따돌림의 대상이었다. 그래서 자신과 대면하고 자신을 응시할 수 있는 기회가 오히려 많아졌던 듯하다. 남성의 시선에 비춰진 대상으로서의 자신이 아니라 자신의 육체와 존재의 능동적인 관찰자로서 작품 세계를 구축할 수 있었던 중요한 열쇠는 장애 여성으로서의 정체성이었을 것으로 보인다.

하지만 그의 장애는 늘 없던 일처럼 취급되고 끔찍한 고통, 불행으로 묘사되고 있다. 남편 디에고와의 사랑과 결혼, 그리고 이별 역시 일생일대의 크나큰 사건이자 예술적 영감의 원천이었을 것임은 부정하기 어려울 것이다. 하지만 프리다 칼로는 '디에고의 여자'로만 불려지기에는 아까운, 독보적이고도 뛰어난 예술가다.

그동안 여성 예술가들은 예술가이기보다 자주 누군가의 아내, 어머니로 불려 왔다. 남성 중심 시각에 의한 전형적인 타자화다. 모드 루이스 역시 마찬가지였다. '불완전한 몸으로 사랑받았으니 그걸로 됐다'는 식의 결론은 지나간 20세기에나 먹혔을 서사다. 그런데도 2017년에 만들어진 영화에 그런 장면이 나온다는 것은 장애에 대한 인식이 아직도 구태의연하다는 반증으로 보인다. 모드의 그림과 모드의 장애 있는 몸을 별개로 보고 싶어 하는 대중의 욕망이 반영된 것이 아닐까 싶다.

그러나 모드의 그림과 장애는 분리할 수 없는 하나다. 손을 많이 움직일 수 없어 주로 작은 그림을 그렸고, 외출을 자주 하지 않아 기억에 있는 장면과 창문 너머의 새와 꿀벌을 그렸던 것은 그의 장애를 빼고는 해명되지 않는 그만의 작품 세계다.

자신이 살았던 시대에 사랑받았든 사랑받지 못했든 예술가는 자신의 작품으로 타인에게 말을 거는 존재다. 그러므로 모드 루이스가 우리에게 어떤 말을 하려고 했는지 좀 더 귀 기울이는 것이 그의 그림을 좋아하는 사람들의 몫이 아닐까 싶다.

모드 루이스가 살았던 오두막은 캐나다 노바스코샤 미술관에 복원되어 전시되어 있다고 한다. 맙소사! 지도를 찾아보니 미술관은 핼리팩스에 있었다. 남동생이 살고 있는 집에서 자동차로 불과 16분 거리인데 2023년에 방문했을 때 가 보지 못했다. 그땐 모드 루이스를 몰랐으니 어쩔 수 없는 일이긴 했다. 다시 스무 시간 가까이 비행기를 타고 캐나다에 다녀올 이유가 생긴 것으로 아쉬움을 달래려 한다. 그땐 모드의 오두막에 꼭 가 봐야겠다.

모드와 남편 에버릿. 대문에 "그림을 팝니다"라는 팻말을 걸어 놓고 그림을 팔았다.
Art Gallery of Nova scotia(https://agns.ca/exhibition/maud-lewis-0/)

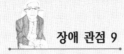

영화도 이제 여성 + 장애인을
제대로 다룰 때가 됐지

여성 예술가들은 그의 예술 세계 자체로 조명 받지 못하는 경향이 있다. 누군가의 연인 또는 아내, 어머니로만 알려진다. 허난설헌이, 윤심덕이, 프리다 칼로가 주변 남성 없이 홀로 조명받지 못하는 것도 이 때문이다. 남성 중심 시각에 의한 전형적인 타자화다.

자신이 살았던 시대에 사랑받았든 사랑받지 못했든 예술가는 자신의 작품으로 타인에게 말을 거는 존재다. 그러므로 여성 + 장애인 예술가가 우리에게 어떤 말을 하려고 했는지 제대로 귀 기울일 의무가 우리에게는 있다.

> "여성 예술가들이 재발견되고 재평가되기까지
> 오랜 시간이 걸렸다. 장애 여성 예술가도
> 제대로 평가할 때가 되었다. 장애 여성 관점에서 해석하면
> 비로소 보이는 세계가 있다."

누구와 함께 늙어 갈 것인가

두 번의 큰 수술을 마치고 어느덧 서른을 바라보는 나이가 되었을 때였다. 어떻게 살아야 하나? 무엇을 해야 하나? 고민에 고민을 거듭했지만 별 뾰족한 수가 없었다. 20대에도 안 되었던 취업이 30대라고 될 리가 없으니까. 무엇을 하고 싶은지 생각해 보았다. 공부였다. 대학원을 나온다고 해서 취업의 길이 열리는 건 아닐 테지만……. 내일 죽더라도 오늘 하고 싶은 걸 하는 게 최선일 것 같았다. 두 번의 수술을 겪으며 조금 용기가 생겼던 듯하다.

문제는 가족이었다. 가족의 지지와 도움이 필요했다. 형제 중 유일하게 대학을 다닌 것도 모자라 대학원이라니……. 염치는 없었지만 눈 딱 감고 이기적인 딸이 되기로 했다. 엄마에게 대학원에 다니고 싶다고 말했다. 엄마는 눈을 동그랗게 뜨고 아무 말도 하지 않았다. '무슨 돈으로?'라고 말하고 싶은 눈치였다.

아버지는 편찮으시고 엄마 혼자 힘으로 생계를 꾸려 가고 있었기에 당연한 반응이었다. 그리고 엄마에게는 내가 필요했다. 당시 나는 '무급 가족 종사자'였다. 당시 우리 가족이 운영하고 있던 만화방은 내가 아는 사람이 하던 걸 인수받은 거였다. 엄마 혼자 힘으로는 버거웠기에 아버지와 내 조력이 있어야만 유지할 수 있었다. 온 가족이 나서서 겨우겨우 살아갈 수 있었던 것이다.

아르바이트를 해서 내 학비를 내 손으로 벌겠다, 일본어 시험에 통과하면 장학금도 받을 수 있다며 엄마를 안심시켰다. 자신은 없었지만 어쨌든 부딪혀 보기로 했다. 안 되면 첫 학기 등록금만 마련해 달라고 조를 작정이었다. 내심 그 정도 요구할 지분은 있다고 여겼다.

시험 준비부터 시작했다. 그런데 집에서 공부를 하고 있자니 자꾸만 마음이 약해졌다. 내가 너무 이기적인 것 같아 마음이 불편했다. 엄마가 결혼한 언니들과 한숨 쉬며 통화할 때마다 더 그랬다. 지지까지는 바라지도 않았지만 막상 싸늘한 반응을 접하게 되니 서운하고 억울했다. 그러면서도 내 생각만 하는 것 같아 마구 흔들렸다.

선화라는 친구와 통화하다가 집에서 벗어나고 싶다는 얘기를 했다. 벗어나지 않으면 미래가 없을 것처럼 절박했다. 선화는 수녀가 되려던 친구였다. 그때, 음대를 나와 봉쇄수녀원인 가르멜 수녀원에 들어갔지만 잘 맞지 않아 스페인에서 귀국한 상태였다. 국내 수녀원에 다시 들어가려고 하던 중 어머니가 편찮으셔서 간호를 하고 있었다. 세 자매 중 두 언니가 모두 스페인에서 수녀 생활을 하고 있어 자신밖에 어머니를 돌볼 사람이 없었다. 그는 가르멜 수녀원을 나온 것이 운명인 것 같다고 했다. 어머니의 마지막을 함께할 수 있어 감사하다고 했다. 부모와의 결별을 꿈꾸고 있던 나와는 대조적이라 선화의 가족 이야기가 비현실적으로 느껴지기까지 했다.

뜻밖에도 바로 그 선화가 방법을 찾아 주었다. 자기가 살고 있는 정릉 집 근처에 가르멜 수녀원이 있으니 그곳에서 운영하기 시작한 여대생 기숙사에 들어가겠냐고 물었다. 집에서 벗어날 수만 있다면 어디든 환영이었다. 선화가 다리를 놓아 수녀원 원장님을 만나러 나섰다. 버스에서 내려 구불구불한 비탈길을 꽤 많이 올라갔다. 특유의 나긋나긋하고 고운 목소리로 선화가 말했다.

"나는 네 장애가 잘 느껴지지 않아. 이렇게 함께 걸을 때도."

어떤 의미인지 잘 가늠이 되지 않아 되물었다.

"그래?"

"늘 감탄하게 돼. 네가 얼마나 노력하면 내가 장애를 느끼지 못할까 싶어서. 이렇게 걸을 때도 나와 보폭을 맞추려면 얼마나 힘들겠니?"

감동이었다. 오히려 그가 양 목발로 걷는 나와 나란히 걷기가 쉽지 않을 텐데……. 아무리 친해도 그처럼 내 노력을 알아채는 사람은 그리 흔치 않았다. 선화는 구질구질한 현실에서 지지고 볶는 우리네 보통 사람들과는 완전히 다른 세계의 사람처럼 느꺼졌다. 어쩌면 어떻게든 비장애인 흉내 내며 살아야 했던 당시의 나보다 더 장애 감수성이 높았던 친구였다. 너무 애쓰지 말라고, 그렇게 죽어라 노력하는 내가 안쓰럽다고 말해 주는 그에게 나는 깊은 위로를 받았다.

원장 수녀님과는 얘기가 잘 되었다. 선화가 이미 얘기를 잘해 놨기 때문이었다. 기숙사비는 면제를 받아 식비만 내고 들어갈 수 있게 되었다. 가족들은 물론 '무슨 대단한 공부를 한다고 기숙사에까지 들어가느냐?'는 반응이었다. 엄마를 나 몰라라 하고 집을 나오는 마음도 편치는 않았다. 하지만 이기적일 필요가 있었다.

기숙사에서 공부에만 몰두했다. 지방에서 올라온 풋풋한 대학 새내기들과의 만남도 좋았다. 무엇보다 매 끼니 나오는 음식이 깔끔하고 풍족해서 만족스러웠다. 짓눌려 왔던 무거운 짐을 잠시 내려놓고 보이지 않는 존재의 보살핌을 받고 있는 따뜻한 느낌이었다. 더 이상 혼자가 아니었다.

대학원에 합격했다. 하지만 일본어 성적이 못 미쳐 장학금을 받지는 못했다. 뻔뻔하게 엄마에게 손을 내밀었다. 이웃에게 빌리고 작은언니가 보태 주어 등록을 할 수 있었다. 약속대로 다음 학기부터는 스스로 벌어 학비를 조달했다. 확실한 계획이 있었던 건 아니었는데도 뜻이 있으니 하나둘 길이 열렸다.

대학원 생활은 내 인생의 화양연화였다. 가장 아름다웠던 꽃 같은 시절. 원하는 공부를 맘껏 할 수 있었고, 글쓰기를 훈련할 수 있는 시간이었다. 같이 공부하던 선후배들과 서로 끌어 주고 밀어 주는 관계를 만드는 경험을 통해 편안함도 느끼고 자신감도 가질 수 있었다.

대학원에 진학하고 수녀원 기숙사에서는 나왔다. 아버지가 편찮으셔서 엄마 혼자 힘들다며 계속 집으로 오라고 했기 때문에 어쩔 수 없었다. 그곳에서 편안하게 공부하고 싶었지만 행복도 잠시였다. 결국 부모로부터 독립을 이루지 못한 건 서글펐지만 예전처럼 포기하고 흔들릴 일은 없을 터였다. 다시 착한 딸로 돌아가기로 했다. 이제 어디에 있든 원하는 삶을 살 수 있을 것 같았다.

몹시도 불안하고 흔들렸던 순간, 선화가 내밀어 준 손. 여러 사람의 도움이 있었지만 그 손이 오늘의 나를 만들어 주는 데 결정적인 역할을 했다. 기꺼이 편이 되어 주었던 고마운 친구 선화. 스페인 무르시아 성 안토니오 가톨릭대학교에서 초빙 교수로 일하고 있다는 소식만 들었을 뿐 만난 지가 너무 오래되었다. 지금도 힘들 때, 누군가의 위로가 필요할 때면 선화가 생각난다.

한동안 내 주변에 아무도 없는 것처럼 느껴졌던 때가 있었다. 4~5년 전쯤 일이었다. 지독하게 외로웠다. 몸도 여기저기 아팠다. 사나흘에 한 번씩 온몸에 두드러기가 나기도 했고 평소보다 몇 배는 심한 두통에 시달렸다. 잠도 잘 수 없었다. 두 시간 간격으로 깨거나 한 번 깨면 다시 잠들지 못했다. 아마도 노화 현상이었던 것 같다.

주변에 왜 이렇게 사람이 없는지 그때 나 자신에게 물었다. 한참 만에 답을 찾았다. 그들에게 시간을 내주지 못한 내 문제였다. 늘 마음은 있었다. 그러나 몸이 멀어지면 마음도 멀어지는 법. 바쁜 건 내 사정이었다. 친한 친구일수록 그런 내 사정을 알아줄 것이라고 기대하다니 어리석었다. 그때 이후로 일을 줄였다. 여유가 생기니 좋은 사람들과 시간을 가질 수 있게 되었다. 이제는 일 때문에 친구들과의 약속을 미루지 않고 있다.

지금 내 곁에는 친구들이 몇 있다. 특히 나이 어린 친구인 지영이가 셋이나 된다. 가장 먼저 만난 지영 1호는 1970년대 생인데, 나와 같은 단체 활동가였다. 그는 휠체어 사용자다. 또 십 년 전부터 조울증이 생겨 정신장애도 갖게 되어 요즘은 쉬엄쉬엄 일하고 있다. 지영 1호와 자주 만나는 이유는 몇 안 되는 여성 활동가로서 장애인권운동의 역사와 경험을 같이했기에 나눌 것이 많아서다. 독특한 창의성 때문에 신선한 자극을 받을 수 있어서다.

"넌 어떻게 생각해?" 물을 때마다 그는 "중증 장애인은 달라요."라든가 내 시선이 미치지 못하는 점을 짚어 준다. 그의 관점은 예리하고 한 발 앞서 있다. 그에게는 고등학교 때인 열일곱 살에 장애를 갖게 된 뒤 단체 활동을 시작하기까지 십 년 넘게 집에서만 지냈던 경험, 오로지 장애 인권 운동에 헌신한 20년의 세월이 녹아 있다.

나는 그를 통해 주로 휠체어 사용자의 감각을 느낀다. 얼마 전에도 함께 대형 쇼핑몰에 갔다 휠체어 사용자는 요즘 핫하다는 전망대 카페에 갈 수 없음을 알게 되었다. 5층까지는 엘리베이터가 있지만 6층에 있는 그곳에 가려면 에스컬레이터를 타야 했다. 하지만 휠체어 사용자에게 에스컬레이터는 그림의 떡일 뿐이라 발길을 돌렸다. 그가 해당 쇼핑몰에 민원을 넣은 것은 물론이다. 그는 여전히 천천히 세상을 바꾸고 있다.

지영 2호는 1960년대 생이다. 20년 전 내 집을 방문했을 때 그는 장애 여성을 주제로 한 논문을 쓰던 박사과정 학생이었다. 찬이를 낳은 지 6개월도 되지 않았을 때였기에 어쩔 수 없이 집에서 인터뷰를 했다. 그때 인연이 지금까지 이어지고 있다. 박사 학위를 받은 뒤 그는 사회복지학과 교수가 되었다.

처음 만났을 때만 해도 비장애인인 지영 2호와는 얼마 안 돼 멀어지겠거니 여겼다. 그는 연구자이고 나는 현장 활동가이니 서로 갈 길이 다르다고 생각했다. 예상은 빗나갔다. 연구와 운동의 현장이 엄연히 다르긴 하지만 그는 운동 현장 사람들과 소통하면서 장애인에게 필요한 것이 무엇인지 속속들이 들여다보고 그것을 연구에 반영하는 연구자다.

지영 2호에게는 우리 찬이보다 두 살 많은 아들이 있다. 지영 2호는 우리 찬이에게 옷이며 신발, 장난감, 책을 고스란히 물려주었다. 같은 동네에 살지 않아 버리는 게 쉽지, 일일이 챙겨 주는 게 쉬울 리 없다. 그런데도 그는 찬이가 열 살 될 때까지 꾸준히 챙겨 주었다. 뿐만 아니다. 나는 아이 키우면서 아프거나 힘든 순간을 맞이할 때마다 지영 2호에게 하소연했다. 육아에 있어서 그는 나보다 몇 발자국 앞서 있던 스승이었다. 자주 번아웃이 되는 내게, 사적으로 친밀한 관계가 거의 사라진 것 같으니 자신을 돌보라고 짚어 주었던 이도 지영 2호다.

지영 3호는 내가 진행하고 있는 장애인문학 팟캐스트 《A의 모든 것》의 고정 게스트로 만났다. 문학평론가로서 가장 최근에 만난 친구이자 동네 이웃이다. 한 동네 살다 보니 녹음을 마치고 함께 귀가하면서 더 가까워졌다. 지영 3호 집에 가끔 들러 차 마시는 시간이 나는 더없이 즐겁다. 그는 내게 장애 감수성을 배운다며 과외 선생이라고 말하곤 한다. 배우는 데 그치지 않는다. 동네에 새로 생긴 아트 센터에 갔을 때 장애인 편의 시설이 없어 휠체어는 접근할 수 없다는 사실을 발견하고 즉각 민원을 넣기도 했다. 이 정도면 청출어람이라 할 만하다.

맛있는 건 나눠 먹어야 한다며 과일이나 신선한 야채 같은 것을 먼저 챙겨 준 이도 지영 3호다. 나 역시 먹거리가 넉넉하게 생기면 지영 3호가 가장 먼저 생각난다. 가장 가까운 곳에 사니 지나다 들러 전해 줄 수 있어 좋다. 맛있는 음식을 먹을 때 생각나는 사람이야말로 사랑하는 이라는데 아무래도 지영 3호를 사랑하게 되었나 보다.

지영 1, 2, 3호는 친구보다는 동생에 가까운 지혜로운 친구들이다. 나는 세 지영이들이 좋다. 그들과 어울리다 보면 위로를 받으면서 성장하는 느낌이 든다. 그들은 삶의 굽이굽이마다 내 곁에 있어 주었다. 함께 한 세월만큼 앞으로도 함께 하기 위해 나는 그들에게 충실하려 한다.

나는 세 지영이와 함께 늙어 가고 싶다. 그랬으면 좋겠다.

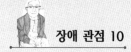
나쁜 장애인도 괜찮다!
뻔뻔하게 공부할 권리를 찾자

내일 죽더라도 오늘 하고 싶은 걸 하는 게 최선일 것 같았다. 두 번의 수술을 겪으며 조금 용기가 생겼던 듯하다. 문제는 가족이었다. 가족의 지지와 도움이 필요했다. 형제 중 유일하게 대학을 다닌 것도 모자라 대학원이라니……. 염치는 없었지만 눈 딱 감고 이기적인 딸이 되기로 했다. 엄마에게 대학원에 다니고 싶다고 말했다. 그때 그 말을 하지 못했다면 지금의 내 삶은 완전히 달라졌을 것이다.

"자신은 자립적으로 살고 있다고 믿는 사람도 사실은 가족이나 지인, 환경, 제도 및 서비스 등 무언가에 의존하며 살고 있다. 아프거나 장애가 있거나 나이가 들면 자연스레 의존이 늘어난다. 의존하지 않는 삶은 불가능하다. 의존을 통해 스스로 결정하고 선택할 수 있는 게 자립이다."

이런 친구, 나는 필요 없다

어른이 되면서 장애가 없는 사람들의 경쟁 상대가 되지 못하는 내 위치성에 대해 수시로, 뼈저리게 알아차리게 되었다. 외모와 취업, 연애와 결혼, 가정생활 등 젊은 날을 온통 사로잡았던 모든 중요한 주제와 과정에서 나는 언제나 비껴 있었고 늘 방관자이자 관찰자였다. 지독한 외로움과 소외감을 느끼면서도 친구들 앞에서는 못난 모습을 들키지 않으려고 안간힘을 썼다.

미정은 대학을 졸업하고 명동성당에서 청년부 활동을 할 때 알게 되었다. 거의 매일 만나다시피 하다 활동을 그만두면서 연락이 끊겼다. 그리고 삼십 대가 되어 대학원을 졸업하고 아르바이트를 할 무렵 다시 만났다. 둘 다 외로웠기 때문에 쉽게 다시 의기투합했다. 전남편과 사이에 딸 하나를 둔 그는 연극배우와 재혼해 살고 있었다. 전화로 서로의 안부를 묻고 가끔 그의 집에 놀러가기도 했다. 자신의 어려웠던 이야기를 솔직하게 털어놓았기에

나 역시 사회운동과 밥벌이라는 두 가지 주제에 짓눌려 있던 무게에 대해 이야기했다. 책 읽고 영화 본 이야기가 특히 더 잘 통했다.

"내가 너 아니면 누구에게 이런 얘길 하겠니?"

남편과 싸웠다며 미정은 전화로 자주 하소연했다. 당시 비혼이었기에 공감하기 쉽지 않았지만 최선을 다해 들으려 했다. 언젠가는 좋은 날이 올 거라며 위로해 주었다. 점차 내 얘기를 하기보단 미정의 얘기를 주로 듣게 되었다. 이해받는다는 느낌이 들지 않아서였다. 미정은 늘 자기 힘든 얘기만 했다. 가난한 연극배우와 살고 있고 아이 키우느라 늘 쪼들리는 제 사정만 있지, 장애 때문에 취업이 안 돼 아르바이트로 근근이 이어 가던 내 사는 얘기는 듣는 둥 마는 둥 했다. 일방적으로 듣기만 하다 보니 감정의 쓰레기통이 되어 가는 느낌이었다.

사실 미정만 그랬던 건 아니었다. 나는 친구와 선후배들에게 늘 좋을 때는 잊고 지내다 힘들 때 찾는 존재였다. 그렇게라도 찾는 이가 있으면 묻지도 따지지도 않고 쪼르르 달려 나갔다. 오죽하면 내가 필요할까, 나 아니면 누가 있으랴 싶어서였다. 그러면 그들도 내게 똑같이 해 주겠지 믿었다. 그게 친구인 줄 알았다. 미정은 그중에서 가장 심한 경우였을 뿐이었다.

만나기로 약속한 어느 날 편두통이 심해 도저히 못 나가겠다고 미리 전화를 했을 때였다.

"그래? 네가 그렇게 몸이 약한 줄 몰랐네?"

비아냥거리는 말투였다. 약속을 취소한 건 나였기에 미안하다고 하고 다음번에 만나 밥 사고 커피도 사면서 마음을 풀어 주었다. 인권운동을 시작한 뒤 『진보평론』에 장애 인권에 대해 처음으로 쓴 글을 보고 그는 말했다.

"차라리 확성기에 대고 떠들지 그러니?"

집회 때마다 확성기에 대고 목이 터져라 외쳤다. 글로 쓰면 장애 인권에 대해 한 사람이라도 더 관심을 갖게 될 테니 못할 것이 없었다. 어떤 이유에서인지 배배 꼬여 있던 미정의 말에는 크게 흔들리지 않았다.

뿐만 아니었다. 미정은 자주 돈을 빌려 갔다. 딸의 피아노 학원비가 없다, 친정 엄마가 편찮으시다, 쌀이 떨어졌다며. 인터넷뱅킹이 없었던 시절이라 그때마다 은행이나 현금지급기에서 돈을 부쳐 주었다. 오죽하면 나한테 이야기했을까 싶어 늦은 시간에도, 일하던 중에도 기꺼이 보냈다. 큰돈은 아니었다. 하지만 3만 원, 5만 원, 10만 원씩 빌려 주고 나면 늘 쪼들렸다. 30년 전이었으니 그리 적은 돈이라 할 수도 없었다. 그런데 한 번도 돌려받지 못했다. 그는 계속 빌리기만 했다. 만날 때마다 밥값, 커피 값은 당연히 내가 냈고 간간이 딸의 선물도 챙겼다. 이건 아니다 싶어 어느 날 왜 돈을 빌려 가기만 하고 갚지 않는지 물었다.

"너는 내 소울메이트잖아."

그는 네가 있어 늘 든든하다, 너를 얼마나 좋아하는지 모른다, 그런데 네가 그런 생각을 하는 줄 몰랐다며 오히려 서운하다 했다. 말이 소울메이트지, '네 돈이 내 돈이고 내 돈도 내 돈'이라는 말이었다. 빌려 달라 해 놓고 처음부터 갚을 생각이 없었던 거였다.

그는 왜 스스로 돈을 벌지 않고 내게 당당하게 손을 벌렸을까? 그에게 나는 친구였을까? 친구가 아니라 호구에 불과했음을 깨닫고 나니 허무했다. 그 뒤로도 돈을 빌려 달라는 전화를 계속 받았다. 더 이상 빌려 주지 않았고 서서히 관계는 끊어졌다.

나는 왜 기꺼이 호구가 되었을까? 외로워서 그랬던 것 같다. 결혼하지 않을 작정이었기에 친구에 더 연연했다. 대학 선후배들이 모두 짝을 찾은 뒤 딱히 마음 붙일 곳이 없던 30대에 그와 다시 만났고 서로 통한다고 여겼다. 입장 바꿔 생각해 보면 나처럼 만만한 친구도 없었을 것 같다.

장애를 갖고 있는 내 앞에서는 돈이 없다는 얘기를 해도 자존심이 상하지 않았을 것이다. 남편과 싸웠다는 얘기를 해도 내 앞에서는 초라하지 않을 수 있었던 것이었다. 어차피 비교 대상이 아니었으니까. 결혼하지 못할 몸이니 어떤 상황이어도 나보다는 낫다고 위안했을까?

연구원에 취업하게 된 뒤부터는 돈도 잘 버는데 좀 같이 쓰면 어떠냐고 생각했을지 모른다. 십 년 동안 아르바이트를 전전하다 겨우 들어간 직장인 걸 누구보다 잘 알고 있었으면서. 아이도 남편도 없으니 어차피 돈 쓸 데도 없다고 여겼을까? 돈 쓸 데가 있고 없고를 정할 사람은 바로 나 자신이건만 그가 선을 넘은 것이었다. 허나 선을 넘어오도록 허용한 장본인은 나였다.

친구가 필요했다. 그래서 친구로서 존중받지도 못하면서 기꺼이 호구가 되어 주었던 것이다. 금전적인 손해보다 친구를 잃은 아픔이 더 컸다. 그렇게 혹독한 대가를 치렀지만 친구와 친구 아닌 사람을 구분할 수 있게 되었으니 다행이라 여긴다.

최근 탈시설을 해서 지역사회에 살고 있는 장애인을 자주 만난다. 그들은 하나같이 친구 사귀기를 어려워한다. 복지관이나 자립생활센터 프로그램에서 만나는 친구가 전부인 경우가 많다. 짧게는 10년, 길게는 30~40년을 거주 시설에서 살았으니 그럴 법도 하다.

거주 시설에는 관리를 받는 장애인과 관리를 하는 종사자의 양자 구도만 있다고 해도 과언이 아니다. 주어진 시간에 일어나고 주어진 동료들과 똑같은 밥을 먹고 주어진 잠자리에서 잠을 자는 생활의 반복이니 말이다. 지역사회에서 살려면 스스로 해내야 하는 것들이 많아진다. 친구는 더욱 그렇다. 친구가 되고 싶은지 아닌지, 어떻게 친구가 될 것인지는 순전히 나한테 달려 있다. 막막하고 외로운 일이다.

그런 장애인에게 접근해 이득을 취하는 사람들이 심심치 않게 있다. 장애인이라고 해서 주변 사람들이 무조건 다 잘해 줘야 할 이유는 없겠지만, 약점을 이용해서 이익을 취해 가니 참으로 기가 막히다. 다단계 판매를 하거나 보험에 들게 하고 명의를 도용해 스마트폰을 개통하거나 돈을 갈취해 가는 등 수법은 다양하고 악랄하다.

〈장애여성네트워크〉 회원인 유정은 지적장애 여성이다. 이혼하고 딸과 함께 살던 중 남자친구를 사귀게 되었다. 처음부터 의도적으로 접근했는지는 알 수 없지만 세상 다정했던 그 남자는 얼마 안 가 태도가 바뀌었다. 한 번만 쓰자며 유정의 카드로 결제를 하기 시작하더니 점차 제 것처럼 사용하면서 순식간에 카드빚이 늘어났다. 잠깐 사정이 좋지 않아 쓰는 것일 뿐 곧 돈이 들어오면 다 돌려주겠다고 했다. 그땐 원하는 거 다 사 주겠다, 함께 여행도 가자는 달콤한 말로 속였다. 유정의 이름으로 몇 개의 스마트폰을 개통하고 요금도 유정의 통장에서 계속 빠져나갔다. 점점 감당하기 어려워졌다. 다행히 유정에게는 친정 부모와 동생들이 있어 경찰서에 신고하고 어느 정도 해결을 할 수 있었다.

지적장애인의 명의를 도용해 1억 3백만 원의 대출을 받은 고등학교 친구들도 있었다. 2022년 8월, 이들은 지적장애인을 꼬드겨 함께 가출한 뒤 매달 이자를 갚아 주겠다고 속여 휴대전화로 3백만 원을 대출받았다. 또 지적장애인이 임차인인 것처럼 허위 전세계약서를 쓰게 한 뒤 은행에서 그의 명의로 대출을 신청해 1억원을 송금받기도 했다. 가족의 신고로 실종된 지 1년 2개월 만에 발견된 지적장애인은 가혹 행위를 당하며 감금돼 있었기에 체중이 19킬로그램이나 줄어 있었다.[*]

아마도 피해자는 가해자들을 친구로 굳게 믿었을 것이다. 믿었던 친구들에게 폭력과 학대를 당한 그의 상처가 얼마나 클지 짐작이 가고도 남는다. 그는 앞으로 어디에서 어떤 친구를 만날 수 있을까?

거주 시설에서 살다 지역사회에 나와 자립 생활을 시작한 장애인은 관계 맺기에서 더욱 취약하다. 오랫동안 관리자로부터 받아 온 보호와 통제에 익숙해져 있는 탓에 관계에서 수동적이기 쉽다. 그래서 호감을 표현했다가 쉽게 상처받아 움츠러들거나 지나치게 잘해 주는 사람을 경계하지 않았다 큰 손해를 보기도 한다.

의도적으로 접근해 환심을 사려고 온갖 감언이설을 동원하면 오랫동안 집안에서만 지냈거나 거주 시설에서 살았던 장애인들은 나에게 해를 끼칠 사람인지 친구가 될 수 있는 사람인지 헷갈릴 수밖에 없다. 장애인들에게는 친구를 사귀기 위해 시행착오를 겪을 기회조차 주어지지 않았던 것이 이제까지의 현실이었다. 좀 시간이 걸리더라도 그들이 진정한 친구를 만날 수 있었으면 좋겠다. 드라마 《이상한 변호사 우영우》에 나온 대사처럼 친구는 "봄날의 햇살 같은" 존재라 누구에게나 필요하니까.

---

* 지적장애인 감금한 뒤 1억 3백만 원 대출… 20대 3명 구속 기소, 『중앙일보』, 2023년 12월 29일.

장애인을
호구로 보지 마라

나는 왜 기꺼이 호구가 되었을까? 외로워서 그랬던 것 같다. 결혼하지 않을 작정이었기에 친구에 더 연연했다. 입장 바꿔 생각해 보면 나처럼 만만한 친구도 없었을 것 같다. 장애인에게 접근해 이득을 취하는 사람들이 심심치 않게 있다.

장애인이라고 해서 주변 사람들이 무조건 다 잘해 줘야 할 이유는 없겠지만, 약점을 이용해서 이익을 취해 가니 참으로 기가 막히다. 해가 될 사람인지, 친구가 될 사람인지 판단하는 것부터 쉽지 않다.

> "모든 관계가 그렇듯이 장애인과 비장애인 사이에도
> 너무 멀거나 너무 가깝지 않은 적당한 거리를
> 만들 필요가 있다. 매달리면 지는 거다."

비련의 여주인공은 가라

"이담에 커서 엄마, 아버지랑 살자."

부모님에게 수도 없이 이런 말을 들으며 자랐다. 이다음에 커서 어떤 사람을 만나 어떻게 살아야겠다는 꿈을 꿔 보지 못했다. 이미 엄마, 아버지와 살아야 하는 사람으로 되어 있었다. 언니들과 여동생이 언제나 "이다음에 시집 가면"이라는 말을 들었던 것과 얼마나 대조가 되었던지……. 물론 그 말도 그리 좋은 뜻으로 들리지는 않았다. 꼭 시집을 가야 하나, 시집살이가 얼마나 힘들기에 그렇게 강조하는 걸까, 결혼이 인생의 전부인가 싶어 은근히 반항심이 생겼다.

결혼을 꼭 하고 싶었던 건 아니다. 유독 다른 취급받는 것이 싫었을 뿐. 언니들과 여동생이 그런 말을 들을 때 어떤 태도를 취해야 할지 몰라 어색했다. 나와는 상관없는 일이라 여기고 모르는 척하기에는 석연치가 않았다. 수시로 언급할 만큼 중요한 일이라면 나도 상관이 있어야 마땅하지 않은가?

'왜 나만 계속 부모님과 살아야 하지?' 싶은 마음이 들었지만 드러내놓고 표현하지는 못했다. 왠지 그러면 안 되는 분위기가 늘 있었다. 내 의사는 한 번도 물어봐 주지 않고 그렇게 정해져도 되나 싶었다. 그러면서도 서서히 '난 결혼할 수 없겠구나' 받아들이게 되었다.

가끔 내게도 사랑이 찾아오는 꿈을 꾸었다. 동화책을 보거나 드라마 또는 영화를 보고 나면 작품 속 여주인공이 된 나를 상상했다. 하지만 꿈속에서 나는 언제나 비련의 여주인공이었다. 꿈속에는 너무도 아름다운 여자로 성장하여 피아니스트 또는 화가가 되어 있는 내게 프러포즈하는 멋진 남자가 있다. 그는 언제나 훤칠한 비장애인이었으며, 냉담한 나에게 끊임없이 구애를 한다. 나도 그에게 마음이 끌려 애절하게 사랑하다가 끝내는 그를 떠나보낸다.

때론 내 곁에 머물겠다는 그의 장래를 생각해 내 쪽에서 먼저 떠나 보내기도 한다. 또 때로는 상대의 마음이 변하고 말지만 그를 원망하기보다는 변심할 수밖에 없는 그의 사정을 오히려 안타깝게 여기며 사무치는 이별을 받아들이는 역할이었다.

유치찬란했던 소녀 시절을 보내고 어른이 되어서도 크게 달라지진 않았다. 줄곧 장애를 갖고 있지 않은 남자를 욕망했다. 다만 이루어질 수 없는 사랑임을 잘 알고 있었기에 시크하게 굴었을 뿐. 남자 따위 관심도 없는 듯 가증스럽게 중성적인 이미지를 만들었다. 여자 냄새는 최대한 풍기지 않기. 그리고 언제나 객관적인 척하기. 이것이 생존 전략이었다. 그래서인지 여자 친구보다 남자 선후배들과 어울리는 게 편했다. 어쩌면 고립되지 않고 관계를 만들기 위한 안간힘이었다.

연애 경험도 없으면서 나는 곧잘 친구들의 연애 상담에 열중했다. 아마도 고등학교 2학년 무렵부터였던 것 같다. 그때 친구들이 내게 연애 상담을 해 왔다. 최근 친하게 된 남학생이 다른 여자애를 좋아하고 있는 것 같다든가 밤에 남학생 만나러 나가야 하는데 부모님에게 들켜 못 만나서 괴롭다든가 하는 그 애들의 이야기는 무척 흥미로웠다. '네 맘 알겠어'라는 눈빛으로 이야기를 들어 주기만 해도 충분했다. 그 애들을 통해 간접적으로 연애를 경험해 나갔다.

왜 하필 나였을까? 자신들보다 더 경험이 많거나 어른스러워서 내게 연애 상담을 했던 건 아니었다. 나는 또래들 사이에서 어딘가 비껴 있는 사람이었다. 그래서 약간의 거리를 두고 그들의 치열한 이야기를 담담하게 들어 줄 수 있었고, 그런 나를 편안하고 안전하게 느끼지 않았을까? 내 앞에서만큼은 못생겼는지 예쁜지, 화려한지 초라한지, 남자친구가 따르는지 따르지 않는지, 잘나가는지 못 나가는지 그런 것쯤 대수롭게 여겨지지 않는 그런 편안함. 나 역시 최대한 시크한 척하며 달근하고도 시큼한 친구들의 연애사에 푹 빠져 들끓는 청춘을 보냈다.

줄곧 장애를 갖고 있지 않은 남자를 욕망했다. 장애인과의 만

남은 꿈도 꾸지 않았다. 차라리 연애도 결혼도 상관없는 일로 여기는 게 마음 편했다. 그러다 보니 미숙하고 늘 타이밍이 맞지 않았다. 겨우 마음을 열었나 싶으면 어느새 뒷북을 치고 있는 형국이었다. 내게도 사랑이 찾아오나 보다 싶었던 짧은 순간은 그렇게 맥없이 지나갔다.

두 번의 이별은 과정이 아주 흡사했다. 비장애인이었던 그들은 다른 상대를 만났고, 혼전 임신을 이유로 급히 결혼했다. 조금씩, 천천히 여자가 되어 보려던 내 속도를 기다려 주지 않았다. 마음보다 몸이 먼저일 수도 있음을 애써 부정하려던 내 치기는 여지없이 무너졌다. 구질구질해지기 싫어 아무렇지 않은 척했다. 예정된 수순이었지만 생각보다 빨리 와 버렸을 뿐이라고 믿고 싶었다.

마흔한 살에 장애 남성과 결혼해 솔로를 탈출했다. 또래의 장애 여성이 집요하게 만남을 주선해 주었다. 그가 한 번만 만나 보라고 두 달 가까이 설득했다. 별 기대가 없었다. 지체장애인이라고 했기 때문에 더욱 그랬던 것 같다.

역시나 첫 만남은 둘 다 서로에게 좋은 느낌이 아니었다. 단점이 먼저 보일 나이였으니 당연했다. 하지만 한 번 보고는 알 수 없다는 설득 끝에 우리는 다시 만났고 결국 그 남자와 결혼을 결심했다. 두 달도 채 걸리지 않았다. 서로가 기다릴 만큼 기다렸기에 망설일 이유도, 명분도 없었나 보다.

남편은 결혼 전 형님 집에서 어머니와 함께 살고 있었다. 엄밀히 말하면 부모님 집이었지만 1년 전 아버지가 돌아가신 후로는 이미 형님 집이었다. 마흔을 앞두고 독립할 만한 여건이 충분히 되었는데도 남편은 어머니와 그 집에서 살았다. 어머니와 함께 분가를 해도 좋았으련만…….

남편은 그런 사람이었다. 있는 그대로의 현재를 잘 유지하면서 성실하게 살아가는 사람. 그런 사람이 나같이 자유로운 영혼을 가진 여자와 결혼하기도 쉽지는 않았을 것이다. 인생 중대사인 결혼 앞에서 의외로 결단력을 발휘했던 그는 지금 후회하고 있지 않을까?

왜 후회가 없을까만 그는 늘 현재에 충실하다. 심하게 싸운 뒤 이혼을 거론하는 쪽은 언제나 나였다. 그나마 요즘은 격렬한 부부싸움을 언제 해 봤나 싶을 정도로 서로에게 익숙하고 덤덤하다.

우리 사회는 아직도 장애인의 연애와 결혼에 대해 부정적이다. 장애 유튜버 중 원조에 해당하는 '굴러라구르님'은 장애 여성끼리 모여 경험을 나누는 콘텐츠 《디-시스터즈》에서 연애 이야기를 했을 때 "너무 이기적이다. 끼리끼리 만나라."라는 댓글이 달렸다고 했다.[*] "장애인이 비장애인과 연애하는 것은 아주 이기적인 행위"라는 것이다. "이기적이지 않으려면 끼리끼리 만나야 한다"는 얘기다. 선 넘는 짓이니 비장애인과의 연애는 꿈도 꾸지 말라는 말과 무엇이 다른가? 40년 전과 하나도 달라진 게 없어 보여 씁쓸하다.

[*] 『하고 싶은 말이 많고요, 구릅니다』, 김지우, 휴머니스트, 150쪽.

'굴러라구르님'은 KBS Joy 《실연박물관-김지우 편》 "장애인의 연애, 색안경을 버려 주세요"라는 제목의 프로그램에 출연해서 비장애 남자친구와 겪었던 일을 이야기하기도 했다. 평소 자주 다니는 식당에서 매번 "아, 오빠랑 사이가 좋네?"라는 말을 들었다는 것이다. 한 번은 그럴 수 있지만 같은 식당에서 매번 그런 말을 듣는 것은, 장애인들은 연애를 하지 않는다고 생각하기 때문이라는 것이다. 손을 잡고 다녀도 오빠, 동생 사이로 보고 싶어 하는 여전한 인식에 넌더리가 난다.

2024년 3월, 유튜브 크리에이터 박위 씨가 송지은 씨와 결혼한다는 발표를 했을 때 사람들의 반응이 딱 그랬다. 박위 씨는 교회에 갔다가 첫눈에 반해 송지은 씨와 사귀게 되었고 소셜 미디어를 통해 열애 사실을 밝혔다. 그리고 공개 연애를 시작한 지 3개월 만에 결혼을 발표했다.

언론에서 두 사람의 결혼에 뜨거운 관심을 보인 것은 박위 씨가 전신마비 장애인이었기 때문이다. 게다가 송지은 씨는 걸그룹 출신 배우이니 주목을 받기에 충분했다.

박위 씨는 중학교 시절까지 축구 선수를 꿈꿀 만큼 활동적이었지만 스물여덟 살이던 2014년에 건물에서 추락해 장애를 갖게 되었다고 한다. 사고가 난 날은 외국계 패션 회사 인턴에서 정직원이 된 날이었다. 그 뒤 그는 크리에이터로 변신해서 건강을 되찾기 위한 재활 과정을 공개하며 많은 사람들에게 뜨거운 응원을 받아 왔다.

특히 그의 유튜브에는 유명한 연예인들이 등장하기도 해서 눈길을 많이 끌었다. 가수 션, 배우 조여정과 최강희 등이 출연해서 근황을 나누며 장애에 대해 자연스럽게 알게 해 주었다. 아버지가 방송국 PD였기 때문에 평소 연예인과 친분이 있다고 했다.

그런데 이들의 결혼 발표를 보도한 언론들은 하나같이 '기적'이고 '장애 극복'이라고들 했다. "사랑이 전신마비를 이겼다", "장애 극복한 사랑 결실" 식으로 보도되는 기사를 보면서 한숨이 절로 나왔다. 전신마비는 도저히 결혼할 수 없는 몸인데 사랑으로 이겨내 결혼하게 되었다거나 결혼이 장애를 극복한 사랑의 결실이라는 식의 구태의연한 접근 방식이라니.

박위 씨는 장애인이지만 그것은 그가 가진 여러 조건 중 하나일 뿐이다. 송지은 씨가 사랑으로 극복하고 결혼해 '주는' 것으로 조명하는 것은 박위 씨뿐 아니라 송지은 씨에 대한 모독이기도 하다.

이런 언론 기사에 축복한다는 댓글도 있었지만 "부모님 가슴에 못 박는다", "중요한 거사는 어떻게 치르려고?", "축복하지만 솔직히 내 가족이라면 반대하지 않을까 이중적인 마음도 든다", "송지은 개고생 예정", "아무래도 지은 님이 고생을 많이 하시겠지만 현명하신 분이니 잘 극복해 나갈 거라 생각합니다" 식으로 걱정하고 염려하는 댓글도 꽤 있었다. 한마디로 님의 사생활에 지나치게 개입하는 거다. 남이야 개고생을 하건 말건, 거사를 어떻게 치르건 못 치르건 뭔 상관이란 말인가?

장애인이 비장애인과 연애하고 결혼하는 것이 그렇게도 특별한 일인가? 장애인은 비장애인과 완전히 다른 세계의 사람이라서 섞일 수 없거나 섞여서는 안 된다는 건가? 장애인과 결혼하는 비장애인은 엄청난 희생과 고통을 껴안게 되나? 호들갑을 떠는 사람들에게 장애인은 특히 예쁜 여자, 잘생긴 남자와 결혼할 수 없는 몸인지 되묻고 싶다.

　　내 선배 중에도 비장애 여성과 결혼한 중증지체장애인이 있는데, "부인이 참 예쁘시네요. 어떻게 이렇게 예쁜 여자 분과 결혼하셨어요?"라는 말이 참 듣기 싫다고 했다. 너무 많이 들으니까 그렇기도 하지만 '예쁜 여자와 결혼할 자격이 없다'는 말로 들려 불편하다는 것이다.

　　장애인과 결혼해서 살고 있는 비장애 여성을 천사로 칭송하는 분위기도 있다. 한마디로, 도저히 불가능한 결심을 해 준 착한 여자라는 것이다. 결혼이 착한 마음만으로 할 수 있는 것도, 유지되는 것도 아닌데, 아직도 이런 시선이 있다는 게 놀라울 따름이다. 그가 어떤 사람이든 상관없이 장애 여성과 살아 주는 것만으로도 훌륭한 사람이라 칭송하는 것이다.

　　그런데 반대의 경우에는 몇 배의 비난이 돌아온다. 후배 중에 휠체어를 사용하는 장애 남성과 결혼했다 이혼한 비장애 여성이 있다. 그는 장애인을 버린 나쁜 여자라는 심한 비난에 시달렸다. 잘 알지도 못하면서 사람들은 자기들이 보고 싶은 것만 보려고 한다. 약점을 지닌 것으로 보이는 여자는 자주 그런 사람들의 타깃이 된다.

역으로 장애 여성과 결혼해 살고 있는 비장애 남성에게는 천사뿐 아니라 영웅 이미지까지 덧씌워진다. 결혼 생활은 부부가 평등한 관계를 유지할 때 행복해질 수 있는데, 이러한 사회적 인식 때문에 불평등이 굳어지게 만드는 외부적인 요인이 될 수 있다. 장애인과 비장애인이기 이전에 서로에게 끌린 두 사람의 연애와 결혼이다. 그런데 특별하게만 보는 시선 때문에 장애인과 비장애인 커플들은 남들보다 몇 배는 힘든 난관을 돌파해야 한다.

박위 씨는 텔레비전 예능 프로그램에서 송지은 씨가 한 얘기를 전한 바 있다. 하이힐을 신고 다니기 때문에 길을 걸을 때 엄청 불편한데, 박위 씨의 휠체어와 같이 걸으면 편안하다고 했다는 것이다. 장애를 가진 몸을 감각하는 게 바로 이런 것이다. 장애가 온통 힘들고 불행하기만 한 게 아니라 장애를 가진 몸을 감각하면 세상을 보는 눈이 달라지며, 함께 편리하고 안전해질 수 있다는 걸 송지은 씨는 이미 알고 있는 듯하다. 참으로 현명한 신부 송지은 씨와 박위 씨의 결혼을 진심으로 축복한다.

돌아보건대 장애인과의 결혼을 후회한 적은 없었다. 만일 비장애인이었다면 집안에서조차 장애를 숨기거나 부정하기 급급했을 것이기 때문이다. 장애를 갖고 있는 그대로의 그와 나로 살 수 있어 그나마 숨통이 트일 수 있었다.

왜 나는 과거에 비장애 남성을 욕망했을까? 장애를 결함 또는 부족함으로 여기는 사회적 인식 때문이었다. 결함이 있는 사람끼리 맺어진다는 건 플러스가 아니라 마이너스라는 어처구니없는 인식이 그 시절에는 있었다. 나 또한 그런 인식에서 벗어나지 못했다. 친정 엄마도 "하나도 모자라 둘이나……."라며 결혼을 달가워하지 않았다.

세상에 완벽한 사람은 하나도 없는데, 왜 유독 장애만이 두드러진 결함으로 인식되는 걸까? 연애든 결혼이든 결함 없는 완벽한 사람들만의 전유물이라면 세상 어느 누가 짝을 찾아 이 험한 세상 함께 살아갈 수 있을까?

장애인과 비장애인의 연애가 아니다
서로에게 끌린 두 사람의 만남이다

줄곧 장애를 갖고 있지 않은 남자를 욕망했다. 장애인과의 만남은 꿈도 꾸지 않았다. 차라리 연애도 결혼도 상관없는 일로 여기는 게 마음 편했다. 그러다 보니 미숙하고 늘 타이밍이 맞지 않았다. 마흔한 살에 지체장애가 있는 남성과 결혼했다. 첫 만남에서는 단점만 먼저 보였는데, 두 번째 세 번째 만나다 보니 어느새 그 남자와 결혼을 결심하고 있었다.

> "장애인만 보면 감동할 준비가 되어 있거나 나와는 다른
> 세계의 사람으로 여기는 양 극단의 태도는 바뀌어야 한다.
> 장애 말고 사람을 보라. 원하든 원치 않든 장애인과
> 비장애인은 서로의 삶의 조건이며 서로 연결되어 있다."

누군가의 고모, 이모 말고 나

비혼이었던 30대에는 사랑스러운 조카들이 곁에 있었다. 두 언니의 다섯 조카들이 보고 싶어 수시로 언니들 집으로 달려갔다. 조카들 말 배워 가는 과정, 앉고 기고 걷다 뛰면서 마음도 자라는 모습이 그렇게 좋을 수가 없었다. 조카들에게 줄 선물을 고르며 기뻐할 아이들을 생각하면 마냥 행복했다. 운전을 하게 된 뒤부터는 조카들과 영화나 연극을 보러 다니고 놀이공원에도 갔다. 명절이나 집안 행사 때마다 외갓집에 오는 조카들을 몰고 다니며 대장 노릇을 했다. 문구점에 가서 학용품을 잔뜩 사 주기도 하고 동네 공원에도 데려가 뛰놀게 했다. 딱히 할 일도 없고 비좁은 집안에서 복닥거리기보다 바깥바람을 쐬는 편이 나았다.

"오리 꽥꽥! 돼지 꿀꿀! 강아지 멍멍! 호랑이 어흥!"

우리는 구령에 맞춰 낄낄거리며 동네를 누볐다. 사실 명절이나 집안 행사 때마다 조카들을 핑계 삼아 집안 어른들을 피한 것이었다. 누구는 좋은 회사에 들어가 돈을 잘 번다더라, 또 누구는 결혼을 해서 아이를 낳았다더라, 그리고 어떤 사람은 어떻더라 하는 말들이 남의 얘기처럼 들렸다.

백수일 때는 "요즘 뭐하니?" "뭐라도 해야지" 하는 말이 제일 싫었다. 무능하거나 게을러서 취업하지 못한다고 여기고 하는 말처럼 들려서다. 연구원에 취업한 뒤로는 집안 어른들의 태도가 확연히 바뀌긴 했다. 그래도 내게는 "사귀는 사람이 있냐?" "결혼은 언제쯤 할 거냐?"는 질문을 절대 하지 않았다. 남들은 그 말 때문에 명절이 싫다지만 열외로 취급되는 것도 기분 좋은 일은 아니었다. 괜히 겉도는 게 싫어 조카들을 몰고 밖으로 나갔던 것이다.

장애가 있지만 얼마나 능력이 있는지, 돈을 벌어 옷도 사 주고 텔레비전도 바꿔 주는 등 얼마나 효도를 하는지 자랑하는 건 엄마의 몫이었다. 엄마는 장애 딸을 키우며 느낄 수밖에 없었던 눈물과 한숨을 보상받으려는 듯 실제보다 과장해 딸 자랑에 열을 올렸다. 그럴수록 부담은 커져 갔다. 앞으로 얼마나 더 잘해야 하는 건지 기대에 부응하기가 버거웠다. 하나밖에 없는 아들이 낳은 손주 둘을 키워 주고 나서 장애 딸과 살겠다는 계획을 세우면서도 엄마는 내 의사를 한 번도 묻지 않았다.

'내가 너를 어떻게 키웠는데……'

엄마 입장에서는 청천벽력이나 마찬가지였다. 결국 결혼이라는 선택은 독립 선언이자 엄마와의 결별을 의미했다. '효도하는 딸'

로 남은 인생을 살기는 싫었다. 40년 동안 엄마의 딸로 살 수밖에 없었지만 남아 있는 삶은 온전히 나로 살고 싶었다.

마흔 살 딸의 결혼을 반길 법했던 엄마는 크게 상심했다. 정작 독립하지 못하고 의존하려 한 쪽은 엄마였다. 아들도 있고 나 말고도 딸이 셋이나 더 있었는데 왜 하필 장애 딸이었을까? 누구보다도 엄마의 보살핌을 필요로 했던 장애 딸을 돌보면서 엄마는 정서적 욕구를 충족하고 존재 가치를 느꼈던 것이리라. 보살핀 게 아니라 반대로 의존하게 된 것일지 모르겠다.

장애 여성들은 '장애'와 '여성'이라는 조건 때문에 (성)역할에 대한 기대를 받지 않고 자란다. 그러나 역할도 없고 기대치도 없는 채로 어른이 되었건만 마냥 예외와 면제의 자유를 누리는 경우는 흔치 않다. 여자이기 때문이다. 결혼을 한 경우 대부분 혹독한 성 역할을 감내하면서 아내와 엄마임을 증명해야 한다. 비혼이라 해도 이런저런 형태의 돌봄 노동을 감당하고 있는 경우가 흔하다.

인영 언니는 비혼으로, 20대부터 조카 셋을 돌보았다. 오빠 두 분이 차례로 세상을 떠나고 어머니도 곧 돌아가시면서 졸지에 소녀 가장이 되었기 때문이다. 자신도 돌봄이 필요한 중증 장애를 갖고 있으면서 약국을 운영해 생계를 꾸려 가며 어린 조카들을 감당해야 했으니 고충이 오죽했으랴. 한창 예민했던 사춘기를 지나 불안한 청춘을 보냈던 조카들이 역시나 어리고 연약하기만 했던 고모의 속내를 알아줄 리 없었다.

조카들은 자신들의 상처 때문에 고모가 짊어진 무거운 짐을 보지 못했다. 약국에서 일하랴, 집에서 아이들 건사하고 살림까지 하랴, 하루 24시간이 모자란데도 별로 거들지 않았다. 힘든 건 고모의 문제일 뿐이었다. 마트에서 장을 봐서는 짐을 좀 들어 달라며 전화해도 선뜻 따르지 않았다. 볼멘 목소리, 부은 얼굴로 마지못해 겨우 내려온 조카들에게 인영 언니는 싫은 소리도 하지 못했다. 조카들의 생일은 지극정성으로 챙겼지만 정작 고모 생일은 아무도 챙기지 않았다.

아이들은 어느 순간 제 엄마들과 연락하고 있었다. 물론 잘못은 아니었다. 하지만 십 년 넘게 자신들을 돌보지 않았던 엄마의 생일을 챙기고 있다는 걸 알고는 충격을 받았다. 엄마 역할을 하느라 전전긍긍해 왔던 그간의 세월이 무너지는 느낌이었다. 이제는 환갑이 훌쩍 넘어 중년의 조카들과 같이 늙어 가는 인영 언니. 세 조카들의 고모라는 이름과 맞바꾸어야 했던 인영 언니의 청춘은 어떻게 보상받을 수 있을까?

내 주변에는 인영 언니 말고도 맞벌이를 하거나 이혼한 비장애 형제의 자녀를 돌보느라 20대를 보낸 뇌병변 장애 여성, 휠체어를 사용하면서 저마다 가정을 꾸린 형제들을 대신해 노부모를 떠맡은 지체장애 여성들이 있다. 기초생활수급 제도와 활동 지원 서비스 덕분에 이제 겨우 자립을 할 수 있게 되었는데, 오갈 데 없어진 엄마와 어쩔 수 없이 동거하게 된 장애 여성도 있다. 장애 딸을 돌보아 주는 것처럼 보이니까 사실상 얹혀살아도 전혀 체면이 구기지 않으니 일석이조다.

장애 여성이라고 해서 특별히 사랑이 많고 희생정신이 뛰어나서 돌봄을 자처하는 건 아닐 것이다. 장애를 가졌다는 것은 돌봄을 제공하기에 적절하지 않거나 불가능한 몸이라는 뜻이기도 하다. 그런데도 유독 돌봄 제공자로서의 역할이 주어지는 일이 잦다. 그 역할을 묵묵히 수행해내고 있는 모습을 가까이서 지켜보다 보면 씁쓸하다. 조카 또는 노부모를 돌보느라 자신의 미래는 뒷전이었던 장애 남성의 이야기는 좀처럼 찾아보기 힘든 것과 대비되지 않을 수 없다.

대부분 가족 내에서나 사회적으로 기대치가 없는 채로 성장하지만 성인이 된 장애 여성은 유휴 노동력, 남아도는 인력으로 취급받기 일쑤다. 무급 가족 종사자로 투입되거나 대가도 없고 끝이 정해져 있지 않은 돌봄 노동에 투입된다. 이유가 뭘까? 돌봄은 여성의 일이라는 성 역할 고정관념이 있는데다 장애를 갖고 있는 몸을 존중하지 않는 문화 때문이다. 그런 이유로 장애를 갖고 있는 몸으로 수행하고 있는 장애 여성의 노동은 사람들 눈에 띄지 않고 쉽게 가려진다. 실제로는 장애 여성의 노동을 갈취하면서도 반대로 돌봐 주고 있는 것처럼 얼마든지 위장하는 폭력 사건이 발생하는 것도 그 때문이다.

나 역시 평생 돌봄 노동의 굴레에서 벗어나기 어려웠다. 어린 시절에는 다섯 살 차이 나는 남동생을 돌보는 역할을 했다. 만날 나가 놀던 동생을 목발을 짚고서 쫓아다니기는 힘에 부쳤다. "빨리 집에 들어와서 씻고 밥 먹어라", "숙제는 언제 할 거냐?"며 잔소리를 입에 달고 살았다. 남동생 입장에서는 그런 누나가 얼마나 귀찮았을까? 두 언니가 결혼하고 나서는 조카들이 내 차지가되었다.

나는 그런 역할이나마 꽤 좋아하고 즐겼다. "네가 뭘 하니? 힘든데 가만히 있어."라며 늘 아무 역할도 주어지지 않는 것보단 나았다. 사람들은 내게 "하면 얼마나 하겠다고?"라며 아무런 기대치도 갖지 않았다. 그래서 돌봄의 역할이라도 기꺼이 받아들이려했던 듯하다. 여자들은 본능적으로 타인에 대한 돌봄 본능이 있는 것처럼 교육받았기 때문일 수도 있다. 그 가당치도 않은 여자역할을 나도 해내고 싶었던 것 같다.

아버지가 긴 투병 생활을 하셨을 때도 나는 간병에 적극 투입되었다. 자매들은 결혼을 했거나 직장에 다니고 있었는데, 나만취업을 하지 못하고 집에 있었으니 도리가 없었다. 간병은 낮밤도, 휴식도 없는 고된 노동이었다. 언제 끝날지 가늠이 되지 않아막막했다. 간병이 끝난다는 건 아버지의 죽음을 의미했기에 벗어나고 싶다는 생각을 할 때마다 죄책감에 시달렸다.

아이 돌봄은 돌봄 경험의 클라이맥스였다. 조카들을 돌본 경험이 있어 완전 초보는 아니라 여겼는데 그게 아니었다. 단지 먹이고 입히고 재우는 일 말고도 수시로 아이와 상호작용을 해야 했다. 잠자는 시간을 빼고는 모든 에너지를 집중해야 하는 고강도 노동이었다. 장애에다 고령이었던 나는 체력 면에서 크게 불리했다. 더구나 워킹 맘이었다. 아이가 아플 때 가장 힘들었다. 아이가 아프고 나면 연이어 엄마인 나도 아팠다.

그래도 아이 돌봄은 나를 성장하게 해 준 좋은 경험이었다. 나 아니면 안 되는, 나에게 완전히 의존하는 존재를 통해 인간에 대한 통찰과 인문학적인 영감을 얻을 수 있었다. 수시로 나를 경탄하게 했던 아이 돌봄 과정에서 약자를 어떻게 대해야 하는지도 배울 수 있었다.

장애 여성이 수행하고 있는 노동이 존중받으려면 어떻게 해야 할까? 장애 여성이 돌봄이나 보호의 대상이 아니라 자립해야 하는 존재로 재정의될 필요가 있다. 교육받을 수 있는 기회를 늘려야 하고 경제활동을 할 수 있는 정책이 마련되어야 한다. 장애 여성의 주거와 친밀한 관계가 위협받지 않고 안전하게 유지될 수 있도록 사회적 관계망도 촘촘히 구축되어야 한다. 장애 여성이 폭력과 착취로부터 자신을 보호하는 데 필요한 도움을 선택하고 결정하는 경험을 축적해 자립할 수 있도록 지원해야 한다.

돌봄과 보호의 이름으로 유지되는 폭력적인 가족 관계는 사양한다. 장애 여성에게도 자립 생활이 답이다. 우리는 누군가의 고모, 이모가 아니라 나 자신으로 살아갈 수 있어야 한다.

혼자 사는 장애 여성에게
가족 돌봄을 전가시키지 말라

혼자 사는 중증 장애인 인영 씨는 비혼으로, 20대부터 조카 셋을 키웠다. 오빠 두 분이 차례로 세상을 떠나고 어머니도 곧 돌아가시면서 졸지에 가장이 되었다. 자신도 돌봄이 필요한데 약국을 운영해 생계를 꾸려 가며 어린 조카까지 감당했다. 조카들은 고모의 돌봄을 당연하고, 부담스럽게 여길 뿐 제대로 감사하지 않았다. 맞벌이를 하거나 이혼한 비장애 형제의 자녀를 돌보는 뇌병변 장애 여성, 노부모를 떠맡은 지체장애 여성, 오갈 데 없어진 엄마와 동거하게 된 장애 여성은 많고도 많다. 돌봄을 제공하기에 적절하지 않거나 불가능한 몸을 지닌 그녀들이 돌봄 역할을 묵묵히 수행해내고 있다.

"가족에게만 떠맡겨졌던 돌봄 노동이 사회화되고 있다.
장애인도 활동지원서비스 덕분에 자립할 수 있게 되었다.
의존하되, 필요한 서비스를 선택하고 결정하는
삶을 통해 장애인들은 돌봄을 받기도 하고
누군가를 돌보기도 한다."

세상 정말 좋아졌나요?

　우리 집은 아파트 15층이다. 맨 꼭대기인데다 가장자리이기 때문에 여름엔 덥고 겨울엔 결로 현상이 나타난다. 그래도 이 집에 살면서 따뜻하고 안락했다. 계절마다 온갖 꽃이 흐드러지게 피고 이름 모를 새가 우는 이곳에서 이사 걱정 없이 그동안 참 잘 살았다. 곧 20년 장기 전세 기한이 끝나 아쉽기는 하지만.

　16년 사는 동안 이웃도 꽤 바뀌었다. 우리 라인에서 입주 때부터 지금까지 살고 있는 가구는 20가구 중 서너 가구밖에 되지 않는다. 최근 엘리베이터에서 오랜만에 6층 남자를 만났다. 평소 거의 매일 마주치다시피 했던 터라 반갑게 인사했다. "요즘 잘 안 보이시길래 이사하신 줄 알았어요." 했더니 "아, 제가 담배를 끊어서요."라며 수줍게 웃는다. "가족들이 참 좋아하겠네요."라며 '엄지 척'을 해 주었다. 기껏해야 2~3일에 한 번 정도 엘리베이터에서 마주치며 고개 인사를 하는 게 전부인 이웃이지만 내 가족

일처럼 흐뭇했다.

그나마 이웃들과 인사라도 하며 지낼 수 있는 건 우리가 15층 꼭대기에 살고 있기 때문이다. 저층에 살았다면 그만큼 엘리베이터에 머물 시간이 적었을 테니. 입주 당시 1층으로 바꿔 달라고 민원을 냈지만 받아들여지지 않았다. 당시에는 법적 근거가 없었다. 가끔 엘리베이터가 고장 날 땐 난감해진다. 4~5층 정도라면 모를까 목발을 짚고 15층을 계단으로 오르내리기는 무리다. 꼼짝없이 집안에 갇히거나 집으로 들어가지 못하게 된다.

한번은 아이를 어린이집에 데려다 주고 방송국에 갈 참이었는데 엘리베이터가 멈춰 있었다. 생방송을 앞두고 있어 순간 눈앞이 캄캄해졌다. 관리사무소에 전화를 걸었다. 사정을 말하고 사람을 보내 달라고 부탁했다. 운전을 해서 방송국으로 가려면 자동차 열쇠가 든 가방이 있어야 했다. 관리사무소 직원이 15층 계단을 올라가 가방을 꺼내다 주었기에 늦지 않게 방송국에 도착할 수 있었다. 하마터면 생방송을 펑크 낼 뻔했던 아찔한 순간이었다. 만일 불이 나거나 지진이 일어나면 엘리베이터가 멈출 텐데 그땐 어떡해야 하지?

어느 날 아들 찬이가 물었다.

"만약 불이 나서 도망쳐야 하면 나는 어떻게 해야 해?"

당시 초등학생 저학년이었던 어린 몸으로는 장애인인 엄마, 아빠를 감당할 자신이 없었던 모양이었다. 아이가 그런 걱정을 하는 줄은 몰랐다. 하지만 엄마이자 어른으로서 침착해야 했다.

"엄마나 아빠 중 누구를 먼저 구해야 할지 고민인 거야?"

찬이가 고개를 끄덕였다.

"그럴 필요 없어. 너 혼자 도망가."

"뭐라고? 정말 그래도 돼?"

아이는 두 눈을 동그랗게 뜨며 되물었다.

"꼭 그래야만 해. 너는 어린이니까. 어린이가 어른을 구할 수 없거든. 너 혼자 도망가기에도 벅찰 거야. 너만 생각해야 해. 우물쭈물하다가는 우리 모두 위험해지니까."

아이는 다시 물었다.

"그럼 엄마, 아빠는?"

"엄마, 아빠도 대피해야지. 가만히 앉아 죽을 수는 없잖아. 기어서 내려가든 몸을 굴려서 내려가든 우리가 알아서 할게."

"정말? 그래도 돼?"

"걱정 마. 엄마, 아빠 엄청 잘 굴러."

"구른다고?"

"그럼! 너보다 빠를걸?"

목발을 버린 채 온몸으로 계단을 굴러 내려가는 모습을 상상하니 갑자기 장르가 바뀌었다. 처절한 비극에서 코믹한 희극으로. 아이는 긴가민가 하는 눈치였지만 우리 부부에게는 사실 기거나 구르는 게 무척이나 익숙하다. 목발도 없었던 유아기 때 원시인처럼 기며 구르며 보냈으니까.

아들이 재차 물었다.

"그래도 된다고 했지?"

"그렇다니까. 그게 최선이야."

명쾌하고 단호하게 대답해 줬지만 실제 재난이 발생한 상황에서라면 선택하기 쉽지 않을 것이다. 그래도 아이는 한결 가벼워진 것 같았다. 아이가 고민을 솔직하게 털어놔 주어 다행이었다. 한편으로는 아이가 부모의 장애를 무겁게 짊어지고 있구나 싶어 마음이 아팠다.

어쩌다 우리 가족은 이토록 엽기적인 대화를 하게 된 걸까? 과연 엄마, 아빠를 두고 혼자서만 피신하도록 권하는 방법밖에는 없는 걸까? 이게 과연 우리 가족만의 문제일까? 우리 부부는 몸을 굴려서라도 대피할 수 있다 치고 더 심한 장애인들은 재난 상황에서 어떻게 대처해야 하나? 의문이 꼬리에 꼬리를 물었다.

재난 상황이 아니어도 장애인들은 엘리베이터 때문에 종종 이동 권리에 상당한 제약을 받고 있다. 16층 아파트에 세들어 살던 수동휠체어 사용자인 장애인이 아파트 관리소장과 입주자 대표자를 〈국가인권위원회〉에 제소한 적이 있었다.* 그는 아파트 승강기 교체 공사가 진행되는 약 한 달 동안 아무런 대체 이동 수단을 제공받지 못했다. 그래서 직장과 사회생활에 막대한 피해를 입었기에 진정을 한 것이었다. 이에 대해 〈국가인권위원회〉에서는

---

* 〈국가인권위원회〉 결정례(21진정0031800).

차별이라고 판단했다. 그리고 아파트 관리소장과 입주자 대표에게 피해자의 피해 회복을 위해 적절한 배상 등의 조치를 하라고 권고했다.

뿐만 아니다. 같은 해에 비슷한 진정이 있었으며, 다음해인 2022년과 2023년에도 마찬가지였다. 엘리베이터 교체 공사 때문에 오도 가도 못 하게 된 장애인들의 사연은 생각보다 잦다. 〈국가인권위원회〉에 진정할 엄두를 못 내서 그렇지 비슷한 이유로 이동권에 제약을 당하는 사례가 얼마가 많겠는가?

엘리베이터 교체 때도 문제지만 평소 고장이 나거나 점검이 있을 때 오도 가도 못 하는 장애인들이 한둘일까? 이게 장애를 갖고 있는 개인들이 알아서 감수하거나 해결해야 할 문제일까? 장애인이 거주하는 주택이나 시설에 휠체어용 리프트나 계단형 전동리프트를 비치해 재난 상황이나 엘리베이터 공사 때 이용할 수 있도록 하는 방안은 왜 어디서도 도입하지 않는 걸까? 리프트가 있으면 장애인뿐 아니라 거동이 힘든 노인, 유아차를 동반한 부모들도 이동이 훨씬 편해질 것이다. 왜 아직도 이런 시도를 장애인 때문에 발생하는 비용 문제로 보는 건지 답답하다.

코로나19 때는 어떠했나? 한국에서 코로나19 첫 사망자는 장애인이었다. 청도대남병원에 입원해 있던 정신질환 환자들이 백 명 넘게 코로나에 확진되고 이 중에서 사망자가 속출했다. 밀폐된 공간에서 집단 생활을 했기 때문에 엄청난 수의 감염자가 발생한 것이었다. 그 뒤로도 라파엘의집, 신아재활원, 성락원 등 여러 장애인 거주 시설에서 집단 감염이 잇따랐다. 그런데 코로나 팬데믹 2년이 지나도록 장애인들에 대한 대책은 나오지 않았다. 장애인은 죽어도 된다고 생각하는 게 아니라면 그럴 수 없는 일이었다.

2017년에는 경주 지진, 2018년 포항 지진, 2019년 고성 산불이 있었고 2022년 3월에도 울진에서 산불이 일어났다. 그해 8월에는 기록적인 폭우 속에서 반지하에 살던 발달장애인 두 가구가 침수로 세상을 떠났다. 그런데 재난 상황을 인지하고 대피하는 과정에서 장애인을 포괄한 국가 재난 대응 시스템은 여전히 나오지 않았다.

2022년 9월 〈유엔장애인권리위원회〉는 코로나19 기간에 장애인의 치명률, 감염률이 왜 높은지 어떤 조치를 했는지 한국 정부에게 물었다. 이에 대해 한국 정부는 장애인 대책팀을 구성하고 24시간 활동 지원 서비스를 제공하였으며 〈국립재활원〉에 장애인 전담 병상을 마련했다는, 질문과 동떨어진 답변을 했다. 게다가 "한국 장애인 특성을 고려해야 한다"는 엉뚱한 답변까지 내놓았다. 한국의 장애인 절반 이상이 기저질환을 가진 노인이라서 사망률이 높다[*]고 했다는 것이다.

한국 장애인의 절반 이상이 고령 장애인인 건 사실이다. 그런데 어차피 노인이고 기저질환이 있으니 죽어도 어쩔 수 없단 말인

[*] 유엔 "코로나19 장애인 사망률 왜 높나" 정부 "한국 특성상…", 『비마이너』, 2022년 9월 13일.

가? 그토록 많은 장애인이 죽어 나가도 국가는 정녕 아무 책임도 의무도 없는지 묻지 않을 수 없다.

장애인이 살기에 세상 참 좋아졌다는 말을 자주 듣는다. 과연 대한민국은 장애인이 살 만한 세상인가? K콘텐츠, K방역은 자랑하면서도 가장 약한 존재인 장애인은 나 몰라라 하는 세상, 남들처럼 아침에 일하러 나가고 저녁에 집으로 돌아와 쉴 수 있는 평범한 일상조차 수시로 뒤흔드는 세상.

이제 장애인을 학살하고 가두는 세상은 아니라지만 휠체어를 탔다고 식당에서 쫓겨나는가 하면 "그런 애(발달장애아동)를 밖에 데리고 나올 거면 간수를 잘 해야지"식의 장애 혐오가 판치는 세상, 그게 우리가 사는 세상이다. 아직 멀었다.

코로나19 최초 사망자는
바로 장애인

엘리베이터 교체 및 고장, 점검이 있을 때 오도 가도 못 하는 장애인들이 한둘일까? 이게 장애를 갖고 있는 개인들이 알아서 감수하거나 해결해야 할 문제일까?

장애인이 거주하는 주택이나 시설에 휠체어용 리프트나 계단형 전동리프트를 비치해 재난 상황이나 엘리베이터 공사 때 이용할 수 있도록 하는 방안은 왜 도입하지 않는 걸까? 리프트가 있으면 장애인뿐 아니라 거동이 힘든 노인, 유아차를 동반한 부모들도 이동이 훨씬 편해질 것이다. 왜 아직도 이런 시도를 장애인 때문에 발생하는 비용 문제로 보는 건지 답답하다.

"장애인의 일상에는 온통 위험 요소가 도사리고 있다.
하지만 위험하다는 이유로 아무것도 하지 않고
가만히 지낼 수는 없다. 헬렌 켈러의 말처럼,
길게 보면 위험을 피하는 것보다 그것에 맞서는 것이
더 안전하다."

우리들의 케렌시아

　대학로는 내게 특별한 장소다. 그곳에서 나는 사회생활의 첫발을 내디뎠다. 사회과학 서점에 취업한 것은 대학을 졸업하고도 1년이 넘은 1986년 여름이었다. 원했던 출판사 취업은 여의치 않았고, 계속 놀 수는 없어 답답하던 차에 선배에게 소개를 받았다. 면접을 보던 날 서점 주인은 계속 강조했다. 서점 일이라는 게 한가해 보이지만 쉬운 일이 아니다, 청소도 해야 하고 재고 파악도 잘해야 한다, 할 수 있겠느냐? 심지어 아파도 아무 대안이 없으니 일요일을 제외하곤 결근도 휴가도 없다고 했다.

　서점 주인은 당시 출산을 한 지 얼마 되지 않은 상태여서 서점을 직접 운영할 수 없다고 했다. 나는 9시부터 6시까지 근무하고 저녁 시간에는 성균관대 다니는 학생이 아르바이트를 하러 온다고 했다. 나는 장애가 있어도 청소를 잘할 자신이 있다고 말해 버렸다. 사실 대걸레 청소는 해 본 적도 없었건만. 아파도 쉬지 않겠다는 약속을 하고 채용이 되었다. 1980년대였으니 근로계약서 따위는 없었다. 월급은 한 달에 16만 원. 당시 대학 등록금이 50만 원 정도였으니 최저임금에 미치지 못하는 액수였을 것이다. 상여금도 물론 없었다.

그래도 좋았다. 군사정권이 금지했던 금서도 마음껏 보고 대학로에 매일 출근하다 보면 공연도 자주 볼 수 있겠다는 기대감이 없지 않았다. 무엇보다 아침마다 나갈 곳이 생겼다는 사실이 중요했다. 게으르고 구질구질했던 일상을 끝내고 시작된 출근길은 사람들을 향한 경외심으로 가득했다. 모두들 이렇게 부지런하게들 살고 있었던 거야? 부끄러운 나의 허송세월과는 진짜 안녕이다!

미리 받아 둔 열쇠로 자물쇠를 열었다. 밤새 갇혀 있던 책들에게도 신선한 공기가 필요해 보여서 문을 활짝 열고 비질부터 시작했다. 다음은 대걸레로 바닥을 닦았다. 손걸레로 카운터 책상까지 닦고 나니 기분이 상쾌해졌다. 양 목발을 사용해서 비질과 걸레질을 하는 내 모습을 누가 봤다면 어설프고 위태롭다고 생각했을 것이다. 하지만 혼자 있으니 누구의 시선도 의식할 필요 없이 내 속도대로 내 방식으로 청소를 해낼 수 있었다.

첫 직장이었던 그 공간에서 나는 이십 대 중반을 치열하게 보냈다. 출퇴근하는 것만으로도 하루하루가 전쟁이었지만 세상 속으로 한 발짝 내딛고 다른 사람들과 같은 숨을 쉬게 해 준 특별한 공간이었다.

"그거 아세요? 저 심장병이에요."

어느 날 서점에 들른 서울대 의대 여학생이 뜬금없이 말했다. 동그랗고 새하얀 얼굴에 똘망똘망하면서도 커다란 눈이 빛나던 학생이었다.

"많이 아프구나!"

그 말밖에는 해 줄 말이 없었다. 그리 놀라지는 않았다. 쥐도 새도 모르게 누군가 잡혀 가고 죽임을 당하기도 하던 시대였으니까. 그 여학생은 양어깨를 들썩이며 "뭐, 대수롭지 않아요."라고 덧붙였다. 쿨하게 반응해 주었다.

"대수롭구먼! 뭐가 아니래!"

우리는 서로 눈을 맞추며 크게 웃었다. 아무런 위로의 말도 주고받지 않았지만, 그 웃음만으로 서로에게 위로받은 느낌이었다.

놀랍게도 그 공간에선 장애가 문제가 되었던 적이 한 번도 없었다. 다량의 책을 옮기거나 손이 닿지 않는 데 꽂혀 있던 책을 꺼낼 때는 으레 단골들에게 도움을 청했다. 싫은 내색을 하는 사람은 아무도 없었다. 청소를 하고 있으면 대걸레를 빼앗아 대신 밀어 주거나 빨아다 주는 사람도 있었다.

가게 안쪽 자그마한 셋방에 살던 서울대 의대생들은 그중 든든한 지원군이었다. 아침에 출근하자마자 의대생들의 자취방 앞으로 가서 문을 두드리면 그들 중 한 학생이 나와 서점 셔터를 올려 주었다. 언제나 가장 고역이었던 일인데, 그걸 해결해 준 것이다. 귀찮을 만도 하건만 학생들은 싫은 내색을 하지 않았다. 나는 그들에게 자판기 커피를 권하는 게 고작이었다. 그리고 가끔 그들의 이야기를 들어 주었다. 주로 힘든 서울살이와 학업, 여자친구에 대한 이야기였다. 그 시절 우리는 서로에게 조금씩 의존하고 있었는지도 모르겠다.

그 공간에서 나는 온전히 환대받았다. 그 서점은 나의 케렌시아였다. 기력을 다해 싸우다 힘이 빠진 투우장 소가 거친 호흡을 가다듬으며 다시 힘을 모으는 케렌시아처럼 그곳은 나의 피난처가 되어 주었다. 시대의 불운과 숨쉬기조차 힘들었던 20대의 불안에서 벗어나 잠시 숨을 고를 수 있는 안식처였다.

지금도 상상하곤 한다. 차별과 배제의 일상에서 피투성이가 된 장애인들이 언제든 들러 숨 고를 수 있는 공간, 장애에 대한 선긋기를 당연하게 여기는 태연한 세상에 다시 맞서기 위해 기운을 모을 수 있는 그런 공간을.

1층에 자리를 잡아야 하고, 2층 이상이라면 엘리베이터가 있어야 한다. 자동문을 달아야 하며, 휠체어가 들어갈 수 있는 화장실도 갖추어야 한다. 책을 진열하려면 적어도 20평 정도의 공간은 확보해야 하는데, 한쪽 면에는 발달장애 작가들의 그림도 전시하면 어떨까? 〈렁트멍〉과 〈그림이야기〉 작가들의 작품을 걸고 대중에게 적극적으로 알릴 수 있으니 그야말로 일석이조일 터이다.

〈렁트멍〉은 오랫동안 그림 공부를 해 온 발달장애인 작가들의 모임이다. 상도동에 있는 작업실 〈도와지〉에서 함께 작업한다. 조용하고 차분한 작업실을 상상한 사람이라면 아마도 깜짝 놀랄 수 있다. 〈도와지〉 부대표이기도 이재순 선생을 중심으로, 각기 다른 개성을 지닌 발달장애인 작가들이 마치 전쟁처럼 작업을 하고 있기 때문이다. 일상적으로 고성高聲이 난무하면서도 시간은 천천히 느리게 돌아가는, 이상하고 아름다운 곳이다. 이 공간에서만큼은 발달장애 작가들이 충분히 자유롭다. 발달장애를 가진 사람들이 이처럼 자신을 거침없이 표현할 수 있는 다른 공간을 나는 알지 못한다.

〈그림이야기〉 역시 발달장애인들이 그림을 그리는 곳이다. 경기도 고양시에 위치한 이 공간은 예술단체 〈나이브아트 스토리〉가 운영한다. 매년 전시회를 열고 음악회도 곁들이면서 예술을 매개로 지역 주민과 소통하고 있다. 발달장애인과 함께하는 예술 거점 공간의 담장을 훌쩍 뛰어넘어 이미 지역사회로 뚜벅뚜벅 걸어들어가고 있는 〈그림이야기〉 사람들과 어떻게 연결될 수 있을까? 이 작가들이 고양시를 넘어 좀 더 넓은 세계로 나아가는 데 혹시라도 내가 손을 잡아 줄 수 있다면 얼마나 좋을까? 좀 더 많은 사람이 〈그림이야기〉 작가들의 작품을 만나는 것 자체가 모두에게 행운이고 축복일 텐데, 어떻게 하면 현실이 될 수 있을까?

아! 나는 어쩌란 말인가? 이쯤 되면 더 이상 달콤한 상상에 머물기가 힘들어지고야 만다. 급격한 현실 자각 때문이다. 1만 5천 원 정도 하는 책 한 권 팔아 3천 원이나 벌 수 있을까? 하루 몇 권의 책을 팔아야 임대료며 운영비를 감당할 수 있을지 자신이 없어서다. 그런데도 나는 우리만의 케렌시아를 꿈꾸는 것을 멈출 수가 없다. 동네 서점, 전시장, 카페, 공연장 등 장애를 가진 우리를 환대하는 예술 공간은 아직 요원하니까. 장애를 갖고 있지 않은 누군가는 각자 알아서 취향대로 피난처든 안식처든 찾을 수 있겠지만 우리는 차원이 완전히 다르니까. 그러므로 장애를 가진 우리에게 알게 모르게 금지된 그 선을 넘기 위해서, 부단히 연결하고 상상하고 부딪혀 보려 한다. 나는 여전히 상상한다, 우리들의 케렌시아를.

장애인을 특별히 환대하는 공간이
무조건 많아져야 한다

나는 상상한다. 차별과 배제의 일상에서 피투성이가 된 장애인들이 언제든 들러 숨 고를 수 있는 공간, 장애에 대한 선 긋기를 당연하게 여기는 태연한 세상에 다시 맞서기 위해 기운을 모을 수 있는 그런 공간을. 1층에 자리를 잡아야 하고, 2층 이상이라면 엘리베이터가 있어야 한다. 자동문을 달아야 하며, 휠체어가 들어갈 수 있는 화장실도 갖추어야 한다. 한쪽 면에는 발달장애 작가들의 그림도 전시하면 어떨까? 꿈꾸는 것만으로도 황홀하다.

"'위험해서 안 돼요.'
'여긴 들어오기 힘드실 겁니다.'
장애인을 배제하는 언어는 하나같이 착한 얼굴을 하고 있다.
마치 장애인을 위하는 것처럼. 그래서 저항할 수 없게 만든다.
장애인이 있어야 할 장소를 기꺼이 내어주는 것이
진정한 환대다."

집 떠나면 개고생이라고?

태어나 가장 멀리 가 본 곳이 2023년 1월에 다녀온 캐나다 핼리팩스였다. 이민을 간 남동생이 살고 있는 곳이다. 겨울엔 너무 춥고 눈도 많이 오니 여름에 놀러 오라 했지만 7~8월엔 도저히 시간을 낼 수 없어서 그나마 한가한 겨울 여행에 나서게 되었다.

영어에 능통하지 못한데다 휠체어 서비스도 제대로 받아야 해서 비용이 좀 더 비싼 국내 항공사를 택했다. 항공사 직원이 친절하게 지원해 줘 토론토에서 환승 터미널을 찾아 헤매지 않을 수 있었고, 짐을 찾아 다시 부칠 때도 원활할 수 있었다. 그동안 해외여행할 때 이용해 본 경험에 의하면 국내 항공사의 휠체어 서비스가 체계적이고 친절하다.

토론토에서 대기해야 했던 시간을 포함해 꼬박 하루 정도 걸려서 핼리팩스에 도착했다. 13년 전 남동생은 가족들을 이끌고 아무 연고도 없는 낯선 땅으로 떠났다. 그때 남동생 가족들도 그도록 긴 시간을 비행했을 터였다. 열두 살, 아홉 살이었던 어린 아이들을 데리고 앞으로 어찌 살아갈까 얼마나 막막했을지 짐작이 되었다. 지금은 어느 정도 자리를 잡았고 아이들도 성인이 되어 제 앞가림을 하는 터라 여유가 생겼지만 그들 가족에게 혹독했을 지난 13년 세월의 무게가 한꺼번에 느껴져 가슴이 아렸다.

핼리팩스는 캐나다 노바스코샤 주에 있는 아름다운 항구도시다. 우리나라 속초 정도 되는 도시라고나 할까? 그곳 겨울은 한국의 겨울보다 훨씬 춥고 2~3일에 한 번씩 눈이 엄청 쏟아진다. 혹한이 아닐 때는 비도 오고 바람도 불어 나무가 쓰러질 정도였다. 특히 눈이 20센티미터가량 쌓인 날에는 외출하지 않고 집안에서 맛있는 음식을 해 먹으며 모처럼의 휴식을 즐겼다.

길이 미끄러워 쇼핑도 별로 하지 않았다. 하루 날을 잡아 유명 브랜드 의류 매장이 모여 있는 〈다트머스 크로싱〉에 들렀다. 그런데 출입문이 남달랐다. 휠체어에 앉은 채로 손이 닿을 수 있는 위치에 버튼이 있고, 버튼을 누르면 문이 자동으로 열렸다. 우리나라에도 자동문은 있지만 미닫이인데, 그곳은 여닫이인 것이 달랐다. 미닫이 자동문은 금세 닫히기 때문에 짧은 순간 지나야 하는 부담이 있는데, 열려 있는 시간도 길고 훨씬 안전했다.

하루는 조카 수인이가 지역의 배드민턴 경기에 출전하게 되어 대회를 관람했다. 거기서 한 장애인이 눈에 띄었다. 그는 경기 진행자였는데, 엎드린 자세로 마이크를 잡고 선수를 호명하고 경기 결과를 공지하는 등의 역할을 하고 있었다. 처음엔 왜 엎드려 있나 의아했다. 자세히 보니 목발과 휠체어가 옆에 놓여 있었다. 꽤 긴 시간 동안 경기가 이어졌는데, 그는 아마도 두 시간 정도 진행을 했던 듯하다.

한국에서는 휠체어 사용 장애인이 일반 스포츠 경기를 관람하는 것도 그리 익숙한 풍경이 아닌데, 엎드린 자세로 진행을 맡고 있는 모습이 신선했다. 경기 중간에 귀가했는지 보이지 않아 인사를 나누지 못한 게 못내 아쉽다. 사실 장애인은 어디에서든 어떤 모습으로든 만날 수 있어야 자연스러운 일이다. 경기 진행자든 관람자든 간에 장애인을 발견하는 게 아직도 신선하다는 것은 그만큼 우리나라에서는 장애인이 비장애인과 어울려 살아가고 있지 못하다는 반증일 것이다.

캐나다 여행 중 가장 인상 깊었던 것은 타이타닉의 침몰로 희생된 사람들이 묻혀 있는 페어뷰 론 묘지였다. 잘 알려져 있는 것처럼 타이타닉 희생자는 무려 1천5백여 명에 달한다. 이들 중 3백 명의 시신이 핼리팩스에 인양되어 묻혀 있다. 1917년 있었던 대형 폭발 사고 희생자도 함께 잠들어 있다. 묘지가 도심 대로변에 있어서인지 무섭지 않고 아름다웠는데, 하루 일과를 보내는 중 수시로 추모하고 애도할 수 있을 것 같았다. 비극적인 죽음을 맞이한 사람들을 기억하려는 의지가 엿보여 고개가 숙여졌다. 2022년 10월 29일 있었던 이태원 참사를 대하는 우리나라의 상황과 대비되어 더욱 그랬다. 살아 있는 사람들에게 기억조차 되지 못하고 있는 영혼은 얼마나 원통하고 서러운가?

핼리팩스에 간 지 일주일 정도 지나 시차 적응이 어느 정도 되었을 무렵 남동생네 가족들과 멕시코 칸쿤으로 여행을 떠났다. 핼리팩스에서는 겨울에 그곳으로 휴가를 떠나는 사람들이 많다고 한다. 네 시간 정도 비행기를 타야 하는 거리였지만 칸쿤은 우리나라 6월 정도의 따뜻한 날씨니 추운 겨울에 휴양하기 딱 좋았다. 칸쿤에서는 하루 몰아서 치첸잇사, 익킬세노떼, 핑크 라군 투어를 했을 뿐 사나흘 내내 리조트에 머물며 여름을 즐겼다. 영하 20도의 겨울과 영상 30도 가까이 되는 여름이라는 양 극단의 계절을 동시에 경험한 짜릿한 여행이었다.

리조트는 외국인들에게 열려 있는 관광지여서 장애인 접근성이 괜찮은 편이었는데, 그곳에서 빌린 휠체어의 발판 하나가 빠져 있어 계속 덜그덕거리는 걸 감수해야 했다. 하나밖에 없는 휠체어라니 어쩔 수가 없었다. 미리 수소문을 했다면 쓸 만한 전수동 휠체어도 대여할 수 있었던 터라 준비성 없는 스스로를 탓할 밖에.

공항에서도 그렇고 캐나다와 멕시코의 장애인 화장실에는 장애인 마크가 표시되어 있지 않은 점이 특이했다. 그저 일반 화장실보다 출입문도 내부도 넓어서 그곳이 장애인용임을 알 수 있게 되어 있었다. 장애인과 비장애인을 굳이 구분하지 않고도 장애인의 접근성이 보장되는 것이 더 자연스러워 보였다.

멕시코 칸쿤 여행에서는 조카 성신이 가이드 역할을 톡톡히 해 주어 든든했다. 영어를 잘하기 때문이기도 하지만 고모의 장애를 고려해 조금이라도 힘들지 않게 하려는 배려가 있었다. 어릴 적부터 고모와 어울렸던 경험이 자연스럽게 녹아 있는 것을 그 여행에서 확인할 수 있었다.

캐나다 핼리팩스와 멕시코 칸쿤 여행은 한마디로 꽤 길고도 완전한 휴식의 시간이었다. 서른 살 이후 이십일 동안이나 온전히 쉰 것은 처음이었다. 지체장애를 갖고 있는데다 이미 고령인 내게는 그 먼 곳으로 떠나려는 시도 자체가 모험이었다. 이십 일 동안 충분히 쉬다 보니 시간이 참 더디게 흐르는 것 같은 느낌을 받았다.

그리고 생각했다. 왜 나는 일중독에서 벗어나지 못하는가? 원하던 취업을 하지 못하고 암울하게 보내야 했던 이십 대에 여전히 머물고 있는 자신과 대면했다. 이제 예순이 넘었는데도 일을 하지 않으면 나는 아무것도 아니며 쓸모없는 사람일까 봐 늘 조바심치는 이십 대의 나에서 한 치도 벗어나 있지 못하고 있음을 깨달았다. 그래서 계속해서 일을 만들어야만 살아 있는 듯한 느낌을 받아 왔던 거였다. 캐나다 여행에서 돌아온 뒤 나는 그제서야 온통 불안하고 두렵기만 했던 이십 대의 나와 결별할 수 있었다.

집 떠나면 개고생이라고들 한다. 그런데도 다들 여행을 떠나는 데는 분명한 이유가 있다. 내 의지로 선택하고 결정해 험한 과정을 거쳐 낯선 곳에 도착하면 이제까지 닫혀 있던 무수한 감각들이 새롭게 열린다. 그러면서 마음의 근육도 커지고 딘딘

해진다. 나 역시 나를 성장하게 한 절반 이상은 여행이었다고 말할 수 있다.

내 이십 대와 삼십 대에는 장애인인 나와 함께 길을 떠나 주었던 친구 명숙이 곁에 있었다. 서울에서 가까운 강화도가 첫 여행이었다. 명숙이 결혼을 하고 내가 운전을 하게 된 후부터는 그의 아이들과 함께 제부도, 경주, 속초, 울진을 쏘다녔다. 그때는 내비게이션도 없었던 시절이라 운전이 서툴러 엄청 헤매고 다녔지만 충분히 자유롭고 즐거웠다.

가장 행복한 여행은 내 속도에 맞춰 내가 결정하고 선택하는 여행이다. 길을 좀 잘못 들어서면 어떤가? 계획했던 길과 좀 달라지면 어떤가? 엉뚱한 곳에서 뜻밖의 무언가와 만날 수도 있는 즐거움이 얼마든지 기다리고 있는 게 여행의 맛이다.

캐나다 밴쿠버에 살고 있는 명숙의 아이들은 지금도 가끔 경주 이야기를 한다고 들었다. 그 시절 장애 때문에 도전하지 않고 주저앉아만 있었다면 지금의 나는 아마 없었을 것이다. 또 명숙과 나 둘이서만 공유할 수 있었던 공간과 시간이 쌓였기에 우리가 둘도 없는 친구가 되어 있는 것일 게다. 명숙과는 더 나이 들기 전 체력이 조금이라도 더 남아 있을 때 크루즈 여행을 하기로 했다. 벌써부터 설렌다.

2023년 캐나다 핼리팩스 여행에서 나는 새로운 내가 되어 돌아왔다. 그 뒤 조금 덜 바쁘고 덜 쫓기며 평화로운 일상을 살아가게 되었다. 스무 시간 가까이 비행을 해야 했던 것 말고도 어려움은 있었다. 『빨간 머리 앤』의 작가 루시 모드 몽고메리L. M. Montgomery가 태어나고 자랐던 프린스 에드워드 아일랜드는 남동생네 집에서 자동차로 무려 3시간이나 걸리는 거리에 있었다. 겨울에는 개장을 하지 않아 초록지붕 집 내부를 볼 수 없는데 남동생이 위험한 눈길을 마다하지 않고 데려다 주어 어찌나 아슬아슬하고 미안했는지 모른다.

　장애가 있는 몸들에게 여행길은 온통 고생길이다. 장애인들은 집을 벗어나는 순간 불편한 교통수단과 마주해야 하며 휠체어 접근을 가로막는 크고 작은 계단과 턱, 장애인 화장실이 구비되어 있지 않은 숙박 시설 앞에서 막막해진다.

　그래도 장애인들 역시 떠나고 싶어 한다. 비장애인이 갈 수 있는 곳이라면 장애인도 어디든 가고 싶고, 갈 수 있어야 한다. 그래서 무장애 여행은 장애인에게 권리다.

　어디 장애인뿐이랴. 고령자, 유아차를 탄 아이들도 여행을 누리며 좀 더 성장하고 행복해지기 위해선 계단과 턱이 더 줄어들어야 한다. 그래서 무장애 여행가 전윤선 작가는 『아름다운 우리나라 전국 무장애 여행지 39』라는 책에서 장애인들만 요구할 것이 아니라 시민들의 '공감'과 '호소'로 연대를 이루자고 제안하고 있다. 장애인을 "함께 여행하는 존재"로 대해야 물리적 장벽도 없어질 것이라며.

　전윤선 작가는 우리네 삶을 "강물처럼 흘러 바다를 만나는 여정"이라고 표현했다. 앞으로도 장애를 갖고 있는 우리네 삶이 어떻게 흐르고 흘러 어느 굽이에서 어떤 바다를 만나게 될지 모를 일이다.

떠나 보아야 보인다
장애인도 여행할 수 있다

캐나다와 멕시코의 장애인 화장실에는 장애인 마크가 표시되어 있지 않았다. 그저 일반 화장실보다 출입문도, 내부도 넓어서 그곳이 장애인용임을 자연스럽게 알 수 있을 뿐이었다. 굳이 구분하지 않고도 장애인의 접근성이 보장되는 것이다.

여행에서 새로운 것들도 많이 보고 배웠다. 그럴 수 있었던 것은 내 조카의 부드럽고 꼼꼼한 가이드 덕이 컸다. 영어를 잘하기 때문이기도 하지만 고모 덕에 경험해 보지 않으면 할 수 없는 배려들이 몸에 밴 덕분이다. 장애인과 비장애인이 함께하는 여행 시도는 예전부터 있어 왔다. 청소년기에 장애인을 동반한 여행을 진행하는 것을 필수 교육으로 삼으면 어떨까?

> **"삶은 여행과도 같아서 계획대로 이루어지지 않으며,
> 실패를 거듭하다 생각지도 못한 결과를 얻기도 하고,
> 목적지가 달라지기도 한다. 그런데 그 어떤 상황에서든
> 우리는 무언가를 배우며 성장한다. 그리므로 장애인에게도
> 여행은 사치가 아니라 기회다."**

신경 다양인 현희를 보내며

"잘 지내셨어요? 오늘 스승의 날이잖아요."

어느 해 스승의 날이었다. 〈장애여성네트워크〉 초기부터 인연을 맺어 왔던 현희에게 전화를 받았다. 2년 정도 활동가로 일하다 다른 일자리를 찾아 나간 뒤에도 그는 꾸준히 연락을 해 왔다. 전화로 안부를 묻기도 하고 휴가를 내 사무실에 들르기도 했다. 그런데 스승의 날은 좀 뜬금없었다.

"오늘이 스승의 날이었어? 근데 왜?"

"제 스승이시잖아요? 감사하다는 말씀 드리고 싶어서요."

민망하기 그지없었다. 인사를 받을 만큼 잘한 게 없어서다.

"내가 무슨 스승이라고. 오늘이 스승의 날인 줄도 몰랐다, 얘."

"제 스승이셔요. 저한테 어떻게 살아야 하는지 알려 주셨잖아요. 감사드려요."

해 준 게 하나도 없는데 이렇게 큰 인사를 받을 줄이야. 야단

친 기억밖에 나지 않는데 감사하다니 몸 둘 바를 몰랐다. 누군가에게 고마운 마음을 전할 정도로 넉넉한 마음으로 살고 있는 것 같아 오히려 한없이 고마웠다.

"네가 잘살고 있는 것 같아 내가 고맙다."

힘이 솟는 느낌이었다. 아무것도 아닌 내가 갑자기 썩 괜찮은 사람이 된 듯한 느낌이랄까. 그리 엉망진창으로 살지는 않았나 보다 싶어 주변이 순식간에 환해지는 괜찮은 경험이었다.

현희와는 20년 전쯤에 만났다. 처음 프로그램에 참여하기 위해 〈장애여성네트워크〉의 문을 두드린 뒤 그는 곧 열성 회원이 되었다. 장애 유형도 다르고 경험도 다른 장애 여성들이 모여 어디에서도 할 수 없었던 서로의 이야기를 하는 프로그램에서 그는 솔직하고 거침이 없으면서도 유쾌했다.

현희는 지체장애에다 정신장애까지 갖고 있는 중복 장애 여성이다. 정신장애가 먼저였다. 한창 예민한 시기에 힘든 일을 겪고 우울증이 생겼다. 그리고 이십 대 중반쯤 세상을 버리려고 건물에서 뛰어내렸다가 하반신이 마비되는 지체장애를 갖게 되었다. 휠체어 사용자가 되고 나니 세상이 완전히 달라졌다. 아니, 세상은 변한 게 없는데, 장애인이 된 그를 대하는 사람들의 태도가 달라졌다. 세상이 장애인에게 얼마나 냉랭한지 알게 되었다.

처음에는 집에서만 지냈다. 힐끗힐끗 쳐다보는 사람들의 시선도 감당이 안 됐고, 무엇보다 휠체어로 이동하고 접근할 수 있는 곳이 없어서였다. 버스도 지하철도 탈 수 없었고 경사로와 엘리베이터도 없는 건물들은 휠체어 사용자를 가로막는 높은 벽이었다.

"어머, 현희야! 오랜만이다. 병원에 있단 소식은 들었어. 면회 못
가 봐서 미안해."

동네에서 만난 동창 친구가 궁색한 변명을 했다. 친하다고 여겼
는데 다치고 난 뒤 연락 한번 없었던 친구였다.

"우리가 병문안 다닐 사이는 아니잖니?"

현희가 깔끔하게 정리해 주었다. 1년 가까이 병원 생활을 할 동
안 연락 한 번 안 할 사이라면 친구가 아니라고 여겼다. 그리고
구질구질한 변명을 들어 줄 만큼 마음의 여유도 없었다고 했다.
먼저 손절 당한 쪽은 자신이니 더 할 말도 미련도 없었다. 몇 마
디 상투적인 덕담을 주고받은들 어차피 달라질 것이 없었으니까.
장애인이 된 뒤 그렇게 인간관계도 하나둘씩 정리가 되었다.

가족 관계에서도 큰 변화가 있었다. 집에서 지내기가 눈치가 보
여 하나밖에 없는 여동생과 독립을 했다. 아빠, 새엄마와는 자연
스럽게 멀어졌다. 더 나빠지기 전에 거리를 둔 것은 백번 잘한 일
이었다. 사고가 있기 전 아빠와 재혼한 새엄마는 한 번도 그의 이
름을 불러 준 적이 없었다. "야!" "얘!" "어이!" 하거나 아예 부르
지 않고 용건만 말했다. 자신도 의식하지 못했는데 프로그램에서
가족 이야기를 하다 그 사실을 발견하고 소스라치게 놀랐다.

"저는 현희라는 이름이 있는데요, 새엄마는 한 번도 제 이름을
불러 주지 않았어요. 저는 가족이 아니었어요."

이름을 부르지 않는다는 건 어떤 의미일까? 새엄마에게 현희는

인격적인 존재가 아니었던 것이다. 같은 공간에 살고 있긴 하지만 받아들이지 못하는 존재, 없는 것이나 마찬가지의 존재, 무시하고 싶은 존재, 무시해도 좋은 존재 아니었을까? 그런 가족으로부터의 독립은 선택이 아니라 필수였다.

부모로부터 독립할 수밖에 없었던 과정에 대해 이야기하면서도 현희는 담담했다. 아빠와 새엄마에 대한 원망은 조금도 없었다. 일찌감치 독립하게 되었으니 오히려 고마울 따름이라고 했다. 처음에는 신체적으로나 경제적으로 동생에게 의존할 수밖에 없었던 현희는 차츰 활동 범위를 넓혀 나갔다. 집 근처 〈장애인자립생활센터〉에 취업해 가족은 물론 어느 누구에게도 의존하지 않는 삶을 살아가기 시작했다. 활동 보조 서비스 제도가 생겨 공적인 지원을 받게 되니 제대로 자립할 수 있게 되었다.

〈장애여성네트워크〉에서는 2년 남짓 활동가로 일했다. 현희는 기획과 홍보를 잘했다. 글도 잘 썼다. 장애 여성으로서 겪은 차별 경험에 대해 여성주의 저널 『일다』에 공동으로 칼럼도 연재하고 장애 여성의 몸을 주제로 한 사진전도 열면서 우리는 호흡이 척척 맞았다.

그와 함께 일하면서 무엇보다 정신장애에 대한 감수성을 키울 수 있었다. 규칙적이고 계획적인 업무를 유난히 힘들어 하고 회원들에게 친절하게 대하지 못하는 그를 처음에는 이해할 수 없었다. 그러나 왜 그런지 솔직하게 묻고 대답하는 과정을 통해 서서히 장애 특성으로 받아들일 수 있었다. 이해보다 조급함이 앞서서 야단을 친 것도 한두 번이 아니었다. 그는 한 번도 노여워하거나 꽁하게 마음에 담아 두지 않았다.

"아, 그런가요? 거기까지는 미처 생각하지 못했어요."

그러면서 현희는 달라졌다. 규칙도 약속도 잘 지키고 다른 사람, 특히 장애를 갖고 있는 당사자들의 입장에서 생각할 줄 아는 사람으로 성장했다. 그러던 어느 날 현희는 단체의 활동가를 그만두겠다고 했다.

"사회복지는 제 일이 아닌 것 같아요. 저는 단순한 사람이잖아요. 저와 맞는 일을 하고 싶어요."

언젠가 닥칠 일로 짐작하고 있었기에 붙잡지 않았다. 장애 차별을 없애는 활동을 하고 있으면서 정작 중복 장애를 갖고 있는 현희에 대해 얼마나 세심하게 배려했는지 스스로에게 묻는다면 역부족이었음을 인정하지 않을 수 없었다.

그는 지체장애에다 정신장애라는 두 가지 조건 때문에 많은 순간 교차하는 차별을 경험했을 것이다. 정신장애인에게 스트레스는 피해야 할 1순위인데, 회원들에게 맞추느라 정작 자신의 멘탈 관리는 뒷전이어야 했으니 참으로 힘들었을 것이다. 그런 조건에서도 최선을 다해 주었으니 그것만으로 충분했다. 그래서 진심으로 그의 앞날을 축복해 주었다.

"그동안 고생 많았어. 부디 네게 맞는 일을 찾길 바랄게."

〈장애여성네트워크〉를 그만두고 난 뒤 현희는 디자인 공부를 좀 더 해 홍보 분야에서 일자리를 찾았다. 그리고 그 회사에서 무려 7년 동안 성실하게 일했다. 짬짬이 장애 여성 자조 모임도 운영했다. 또래 20~30대 장애 여성으로 구성된 그 자조 모임에는 지체장애 여성, 뇌병변장애 여성, 발달장애 여성이 고루 있었다. 발달장애 여성 김유리 씨도 거기서 만났다. 강사로 초대를 받았던 어떤 날의 모임에서 현희가 김유리 씨를 소개했다.

"유리 씨, 글 잘 써요. 엄청 좋아하고요. 눈여겨 봐 주세요."

발달장애인이 쓴 글을 접한 적이 없던 나는 어이없게도 그때 반신반의했다. 그런데 현희의 눈은 정확했다. 2023년 김영아 작가와 함께 『너와 함께라면』이란 책을 출간했다는 소식을 들었다. 발달장애인 자녀를 둔 부모나 관련 전문가들이 쓴 책은 있지만 발달장애인 당사자가 쓴 책은 드물어 어찌나 반가웠는지 모른다.

김유리 작가와 공동으로 저술한 김영아 작가는 발달장애인과 재활상담사가 아니라 작가 대 작가로서 서로의 다름을 이해하고 어떤 글을 쓰고 싶은지 왜 써야 하는지에 대해 탐구해냈다. 나는 진행하고 있는 문학 팟캐스트 《A의 모든 것》의 'A의 책방'이란 코너에서 『너와 함께라면』을 소개하면서 김유리 작가를 응원했다.

하지만 현희는 김유리 작가의 『너와 함께라면』의 출간을 보지 못했고, 그 책을 소개했던 팟캐스트도 듣지 못하고 먼 길을 떠났다. 새로운 직장을 구하기 위해 면접을 보고 귀가하던 길에 교통사고를 당했다. 사고를 냈던 트럭은 길을 건너려고 서 있던 현희의 전동스쿠터를 미처 보지 못했다고 한다.

현희가 세상을 떠난 지 1년이 지났건만 지금도 현희의 부고 문자를 받았던 순간이 잊혀지지 않는다. 믿기지도 않는다. 어느 날 갑자기 다시는 만날 수 없는 곳으로 떠나 버렸다는 사실을 어찌 받아들일 수 있단 말인가?

장례식장에서 황망하게 어설픈 이별을 한 뒤 나는 육 개월 정도가 지나서야 그가 잠들어 있는 납골당에 다녀왔다. 그제야 그가 이 세상에 없다는 사실이 실감이 났다.

현희는 내가 아는 장애 여성 중에서 가장 유쾌하고, 내게 가장 다정했던 사람이었다. 두어 달에 한 번씩 사무실에 찾아와 나를 웃게 해 줬던 사람, 주부 습진 때문에 겨울이면 손가락에 피가 나는 내게 해마다 핸드크림을 챙겨 줬던 사람, 너무 힘들게 일하는 것 같다며 마음 아파 했던 사람이었다. 그런 그가 이제는 내 곁에 없다.

"저밖에 없죠?"

"저 많이 컸죠?"

"저 정말 잘살고 있는 것 같지 않으세요?"

현희는 만날 때마다 내게 확인했다. 흐뭇한 미소를 지으며 내가 고개를 끄덕이면 그럴 줄 알았다며 좋아했다. 내게 군이 확인을 받지 않고도 그는 정말 잘살고 있었다. 세상을 떠나기 몇 년 전부터 우울증 약을 먹지 않고도 일상생활을 잘해 나갔으며, 회사에서는 누구보다도 유능하고 일처리가 깔끔한 직장인이었다. 이 정도면 변화를 시도해도 괜찮을 것 같다며 이직을 준비하던 중 그렇게 세상을 떠날 줄이야.

"○○이라는 사회적 기업 아셔요? 저 거기 지원했는데, 면접 보
러 오래요."

"그 기업이 추구하는 가치가 괜찮은 것 같더라. 면접 잘 보고
와."

우리의 마지막 대화였다.

납골당에 다녀오던 날 나는 현희를 보내 주기로 마음먹었다. 그
와 내가 속해 있는 세상이 다르다는 것을 비로소 받아들이기로
했다. 슬픔은 살아남은 나의 몫일 뿐 그는 어쩌면 더 이상 슬프지
도, 아프지도 않을지도 모른다. 그가 떠나간 세상은 더 이상 휠체
어 사용자를 가로막는 턱과 계단 등 어떤 장벽도 없는 세상일지
도 모를 일이다.

현희는 나와 가장 가까웠던 신경 다양인이었다. 우리의 뇌가
다양하다는 신경다양성neurodiversity을 주장하는 사람들에 의
하면 발달장애인, 정신장애인은 신경 다양인에 해당한다. '신경다
양성'이란 용어는 '신경전형적Neurotypical'이란 말과 반대되는 개
념으로 자폐성 장애 옹호자인 주디 싱어Judy Singer가 처음으로
제안했다.

장애나 질병을 병리학적으로 보지 않고, 생물학적인 다양성으
로 이해하는 관점으로서 신경다양성을 지향하는 사람들은 뇌신
경의 차이로 발생하는 다름을 결핍이 아닌 개인의 특성으로 인
식한다. 그래서 신경다양성 관점에서 보면 신경 다양인이 지닌 다

양한 특성을 삶의 자연스러운 한 방식으로 존중하고, 당사자가 자신의 모습대로 온전히 살아갈 수 있도록 지원할 수 있게 된다.

사람의 뇌가 다양하다는 전제를 받아들이게 되면 정상과 비정상이라는 이분법으로 서로를 구분하는 관점에서 벗어날 수 있다. 그리고 정상인으로 일컬어지는 사람들의 삶의 패턴과 속도에 맞춰진 사회 환경에 의문을 품게 된다.

현희는 마흔세 살의 짧은 생애 동안 치열하게 신경 다양인으로 살았다. 자신의 장애를 결핍이나 부족함으로 여기지 않았으며 있는 그대로 존중받고 온전한 자신으로 살았다. 그런 그에게 짧게나마 〈장애여성네트워크〉가 숨 쉴 수 있는 해방구 같은 곳이었다면 다행이겠다.

우리가 사는 세상에는 신경 다양인들이 무수히 많다. 그리고 세상은 아직도 신경 다양인들을 있는 그대로 받아들일 준비가 되어 있지 않다. 다양성의 눈으로 세상을 보기 위해서는 어느 정도의 용기가 필요하다. 혼자서는 어렵지만 함께라면 용기를 발휘할 수 있다.

정상과 비정상이 아니라
다양성의 관점으로 보자

우리의 뇌가 다양하다는 '신경다양성'을 주장하는 사람들에 의하면 발달장애인, 정신장애인은 신경 다양인에 해당한다. 현희 씨가 죽고 나서야 나는 그와 내가 속해 있는 세상이 다르다는 것을 비로소 받아들이기로 했다. 슬픔은 살아남은 나의 몫일 뿐 그는 어쩌면 더 이상 슬프지도 아프지도 않을지도 모른다. 그가 떠나간 세상은 휠체어 사용자를 가로막는 턱과 계단 등 어떤 장벽도 없는 세상이었으면 좋겠다.

"사람마다 신경 발달은 차이가 있고,
인간의 다른 차이처럼 용인되고 존중되어야 한다.
바뀌어야 할 것은 신경다양성을 지닌 사람들이 아니고,
정상인으로 자처하는 사람들의 삶의 패턴과
속도에 맞춰진 사회 환경이다."

장애 학생은 빠져 있는 이야기

　2023년을 떠들썩하게 했던 사건 중에 주호민 씨 자녀 학대 사건이 있었다. 그처럼 사회적 논란이 뜨거웠던 사건도 흔치 않다. 이 사건의 1심 판결이 2024년 2월에 있었다. 특수교사의 장애 아동에 대한 정서적 학대와 동의되지 않은 녹음의 증거 능력이 인정되었다.

　유감스럽게도 특수학교에서 장애 학생에 대한 폭력은 끊이지 않고 벌어지고 있다. 2023년 서울 은평대영학교에서 교사가 수업을 하던 중 초등학교 저학년 학생의 뺨을 두 차례 때린 사건이 있었다. 그 교사는 4년 전에도 학생을 때리고 신발을 던져 정직 1개월의 징계를 받은 적이 있었다. 또한 은평대영학교는 2013년에 교사가 졸고 있는 학생 귀를 라이터로 달궈 논란이 있었던 학교이기도 하다. 이밖에 서울 인강학교 사회복무요원의 학생 상습 폭행, 서울 교남학교 교사들의 학생 상습 폭행도 있었다.

주호민 작가 자녀 학대 사건이 특히 세간의 뜨거운 관심을 받은 것은 주 작가가 유명인인데다 학부모로부터 갑질을 당해 스스로 목숨을 끊은 서이초등학교 교사 사건과 맞물려 있기 때문이었다. 주호민 작가 사건은 기존의 장애 아동 폭력 사건과 양상이 조금 달랐기에 내내 마음이 불편했다. 학대를 당한 자녀를 둔 부모가 엄청난 비난을 받았고 가해 교사는 오히려 당당했으니까. 장애 학생의 교육권에 대해서는 감히 말할 수 없는 분위기였다. 장애 학생은 다른 학생들과 교사들에게 피해를 주는 존재로만 부각되었고, 부모들은 고개를 들지 못했다.

나 역시 손을 놓고 있었다. 장애 학생 교육권은 내 분야가 아니었고, 상당한 영향력을 발휘하고 있는 부모 단체가 있으니 함부로 나설 처지도 아니었다. 1심 판결 결과를 본 뒤 혼자서라도 정리해 봐야겠다는 생각이 들었다. 이제까지 빠져 있었던 장애 학생의 관점에서 다시 들여다보고 싶었다.

2심, 3심이 남아 있기에 주호민 자녀 학대 사건은 아직 진행 중이다. 이 사건은 장애 부모와 교사의 대립도 아니고 교권을 위협하는 '갑질 부모'가 벌인 일은 더더욱 아니다. 부디 장애 학생들도 학교에서 자유롭고 안전하게 교육받을 수 있는 계기가 되기를 바라는 마음에서 이 사건의 주요 쟁점을 정리해 보려고 한다.

주호민 씨의 아들을 정서적으로 학대한 혐의를 받은 해당 교사는 2022년 9월, 경기도 용인의 한 초등학교 맞춤 학습반 교실에서 당시 아홉 살이었던 주 씨의 아들에게 "버릇이 매우 고약하다. 너 싫어. 정말 싫어." 등의 발언을 한 것으로 알려졌다. 그런데 주 작가가 자신의 아들이 다니는 학교의 특수교사를 신고했다는 사실이 알려지자 그가 운영하는 유튜브 채널에는 차가운 댓글이 줄을 이었다. 녹음기를 이용해 교사의 문제 발언을 녹음한 점, 사건의 발단이 된 게 아들의 돌발행동*이었다는 점을 주로 문제 삼았다. 사람들은 주 작가를 비난하고 유튜브 구독을 취소했다.

"주호민이 너무했어."

주호민 작가와 침착맨이 함께 나오는 유튜브 영상을 즐겨봤던 아들 찬이도 싸늘해졌다.

"뭐가 너무해? 학대를 저지른 사람은 교사인데 왜들 주 작가를 욕하는 거지?"

"교사가 학대를 했는지 확실하지도 않잖아? 엄마는 무조건 장애인 편이야?"

평소 제 엄마가 좌편향이고 장애 편향적이라고 여기는 아들의 말 앞에서 나는 할 말을 잃었다. 비장애 중심주의에 대항하기 위해서는 장애 관점이 필요하다는 항변을 하지 못했다. 사실 유튜브에서 얼마나 논쟁이 뜨거운지를 체감하지 못하고 있던 터라 자신이 없기도 했다. 부랴부랴 관련 기사를 찾아보기 시작했다.

---

* 장애 관점에서는 도전행동으로 본다. 발달장애인 중에는 감각 자극에 극도로 민감한 사람이 있으며, 변화를 싫어하고, 같은 행동을 반복하는 사람도 있다. 심한 경우 소리를 지르거나 자신과 타인을 때리기도 한다. 발달장애인의 이런 도전행동은 의사 표현의 한 방법이다.

주 작가가 자신의 소셜 미디어에 밝힌 바에 의하면 아들의 돌발행동과 정서적 학대는 직접 관련이 없었다. 일반 학급에서 아이가 했던 도전행동 때문에 특수학급으로 분리 조치돼 하루 종일 특수학급에서 교육을 받게 된 것이며, 특수교사의 부적절한 언행은 그로부터 일주일 뒤에 발생했다. 그런데 사람들은 사건이 발생할 수밖에 없었던 원인이 발달장애 학생인 아들에게 있다고 보고 특수교사를 고소한 주 작가를 비난했다.

불법 녹음에 대한 비난은 한층 더 거셌다. 주 작가 측에서 아들에게 녹음기를 들려 보내 녹음한 교사의 발언 내용을 가지고 경찰에 신고한 건 사실이었다. 녹음과 관련해서 사람들은 주 작가를 이해하지 못했다. 해당 교사가 어떤 정서적 학대를 했는지는 뒷전이고, 장애 학생을 위해 헌신하는 교사를 고소한 갑질 부모로만 보았다.

사태는 서이초등학교 교사 사건과 맞물려 더욱 악화되었다. 그래서 교사의 발언을 무단으로 녹음한 파일이 증거 능력이 있는지에 초점이 맞춰졌다. 특수교육 현장의 어려움을 호소하며 교권 보호를 주장하는 목소리가 그 어느 때보다 크게 들렸다.

과연 주 작가의 비동의 녹음에 의한 증거 수집은 잘못이었을까? 1심 재판에서는 "CCTV가 설치되지 않은 맞춤 학습실에서 소수의 장애 학생만 피고인의 수업을 듣고 있었으므로 말로 이뤄지는 정서 학대의 특성상 녹음 외 학대 정황을 확인하기 어려운 점 등을 고려할 때 모친의 녹음 행위는 정당행위로 인정"

했다. 녹음 외 학대 정황을 파악하기 위해 달리 방법이 없었다는 결론이다.

가장 불편했던 것은 교사들이 장애 학생을 돌보는 일의 어려움을 이야기하면서 발달장애 학생의 일상을 낱낱이 전시했다는 점이다. 학생의 배변을 치우다 똥 범벅이 되었다, 느닷없이 맞았다는 식의 폭로가 이어졌다. 배변의 어려움과 도전행동이 있는 장애 학생에 대한 돌봄을 특수교사 혼자서 감당하고 있는 현재의 시스템은 분명 바뀌어야 한다. 그러나 문제 제기를 하는 방법은 정당하지 못했다. 그러한 주장을 하는 과정에서 장애 학생들의 배변 문제와 도전행동이 낱낱이 공개되어서는 안 되는 일이었다.

처음 주호민 작가의 자녀가 특수학급으로 분리된 계기가 되었던 도전행동도 일반 학급에 있는 동안 같은 반 여아 앞에서 바지를 내리는 행동 때문이었던 것까지 언론에 공개되었다. 이 때문에 도전행동을 하게 된 원인이나 맥락에 대한 고려 없이 주 작가의 아들은 성추행이나 하는 아이로 간주돼 자신의 권리를 주장할 자격이 없는 것처럼 낙인찍혔을 가능성도 크다. 학교 당국은 물론 특수교육을 담당하고 있는 교사들조차 장애 학생이 갖고 있는 장애 특성을 공개하는 것에 대해 아무런 주저가 없었다. 이것이 바로 장애 학생이 처해 있는 인권 현실이다.

교사는 자신의 학대 행위가 정당했음을 증명하기 위해 장애 학생이 갖고 있는 장애 특성을 거론했다. 그리고 장애 학생을 돌보아야 하는 학교 현장의 어려움을 강조하며 정서적 학대가 어쩔 수 없는 일인 것처럼 언급했다. 이런 상황에서 가해 교사를 고소한 부모는 교권을 부정하는 사람으로 보였다.

처음 있는 일이 아니다. 장애인에게 가해지는 무수한 학대와 차별 사건에서 가해자들은 하나같이 장애인을 돌보아야 하는 자신들의 열악한 현실에 대해 토로한다. 그리고 그들은 대부분 오갈데 없는 장애인을 돌봐 왔다는 이유만으로 가볍게 용서받아 왔다. 피해 장애인들은 학대를 당하고도 돌봄을 받은 것이니 용서하고 고마워해야 한다는 얘기를 들었다.

더욱 가슴 아픈 것은 이 사건의 진행 과정에서 장애 학생은 특수학교에나 가라는 여론이 커졌다는 점이다. 이 말은 장애 학생과 부모를 배제하는 차별의 언어이자 혐오 표현이다. 그런데 교육청과 교사 측 어디에서도 이런 반응을 문제 삼지 않았다. 교육감은 책임을 모면하기 위해 부모와 교사들을 갈라치기 하고 장애 혐오를 더 부추겼다는 의혹이 짙다. 주호민 작가 자녀 사건이야말로 장애 학생과 비장애 학생이 한데 어울려 공부할 수 있는 환경을 만들지 않고 이름뿐인 통합 교육을 시행하고 있는 학교 현장의 부실과 모순이 한데 어우러진 상징적인 사건이다. 그런데 시스템에 대한 성찰과 반성은 온데간데없고 장애 학생과 부모에 대한 혐오만 남은 것 같아 우려스럽다.

가해 교사는 줄곧 무죄를 주장했다. 학대에 해당하는 발언을 혼잣말이라고 하거나 훈육이라고 주장했다. 심지어 피해 학생이 인지능력이 부족해서 학대라고 인지하지 못했을 것이라고 변론했다. 학대를 인지할 능력이 부족한 학생이기에 더욱 폭력을 예방하고 적극적으로 옹호해야 할 책임이 교사에게는 있다. 그들은 특수교육 전문가이기 때문에 일반 대중보다는 장애 학생에 대한 이해가 높아야 하는 것 아니겠는가.

가해자의 유죄가 인정된 1심 판결에서 판사가 장애 아동의 "인지능력이 현저히 떨어져 아동학대 범행을 스스로 방어할 능력이 없었던 점"을 들어 정당성을 인정한 것도 못마땅하다. 능력이 없어서가 아니라 장애를 고려해 다른 기준을 적용하는 게 평등이기 때문이다. 가해 교사는 1심에서 유죄 판결이 난 뒤에도 자신의 억울함을 주장하며 입장문을 발표했다. 특히 불법 녹음이 인정된 것에 대해 아쉽다며 재판부가 녹음기를 넣기 전에 의혹을 해소하기 위하여 학부모가 어떤 노력을 기울였는지, 불법 녹음만이 최후의 자구책이었는지 확인하지 않았다는 점에 대해 문제 제기했다.

또한 유죄로 인정된 "싫어"라는 표현에 대해 문제 행동이 싫다고 한 것이지 아동 자체를 싫다고 한 표현은 아니라는 입장을 밝혔다. 문제 행동으로 표현된 도전행동은 그 장애 학생의 장애 특성 중 하나이며, 그것을 싫어하거나 미워하는 것은 그 장애 학생을 부정하는 것이나 마찬가지다. 나아가 도전행동을 없애려고 하는 시도는 장애 학생을 괴롭히는 차별 행위일 수 있다. 따라서 친밀한 관계이고 문제 행동을 문제 삼은 것이니 무죄라는 주장은 설득력이 떨어진다.

주호민 작가 자녀 학대 사건의 최대 피해자는 학대를 당한 발달장애 학생이다. 그 학생은 장애를 이해받지 못하고 차별과 학대를 당했다. 그리고 전학을 가서 새로운 학교에 적응해야 하는 어려움까지 겪어야 했다. 발달장애인에게 낯선 환경에 놓이는 것은 엄청난 고통이 따르는 일이다. 학대를 당한 이전 학교 특수학급 부모들로부터는 고소로 인해 아무도 아이들을 맡으려 하지 않아 교사가 계속 교체되어 아이들이 피해를 당했다는 원망을 들어야 했다.

학창 시절을 돌아보면 내 주변에는 장애 학생이었던 나를 옹호해 줄 사람이 아무도 없었다. 초등학교부터 입학을 거부당하지 않고 학교에 다닐 수 있었던 것만으로도 감지덕지였으니까. 옥외 화장실, 엘리베이터 없는 5층 건물 등 비장애 학생에게 맞춰져 있는 학교에 장애가 있는 내 몸을 끼워 맞추며 그것이 당연하다고 여겼다. 체육 시간이나 운동회 때는 으레 교실에 남아 있었다.

고등학교 2학년 때 전교생 합동 교련 시간에 있었던 일이다. 교련은 1970년대 당시 고등학생들을 병력으로 동원할 수 있도록 하기 위해 만든 군사학 교육 과목이었다. 그날도 평소처럼 운동장에 나가지 않고 교실에 남아 있었다. 그런데 느닷없이 옆 반 수학 선생님이 들이닥쳤다. 그는 친구들이 뙤약볕에 나가 고생하고 있는데, 너만 편하게 있느냐며 호통을 쳤다. 급기야 교실에 남아 있던 다른 아이들과 함께 운동장으로 불려 나갔다. 양심도 없다, 정신상태가 틀려먹었다며 일장 훈시를 들었다. '쓰레기'라는 말도 들었다. 갑자기 소나기가 쏟아졌지만 선생님은 꼼짝하지 말라며 더욱 다그쳤다. 빗줄기가 거세지자 결국 교실로 들어가도 좋다는 허락을 받았지만 걸음이 느린 나는 머리끝부터 발끝까지 비를 쫄딱 맞았다.

대학 입학 후에도 어려움은 많았다. 1학년 때는 교양 과목을 주로 수강했기에 강의실이 여기저기 떨어져 있었다. 문리대, 공대, 상경대를 옮겨 다니며 강의를 들었다. 앞 강의가 끝나고 바로 다음 강의를 들어야 할 때는 지각을 하기 일쑤였다. 내 느린 걸음으로는 쉬는 시간 십 분 안에 다음 강의실에 도착할 수 없었다. 그런데 그걸 용납하지 않는 교수가 있었다. "몸이 불편하면 남들보다 몇 배 노력해야지. 왜 만날 지각이냐?" "장애인이라고 내가 봐줄 줄 아냐?"며 야단을 쳤다. 순간 이동을 할 수도 없고 대체 어쩌란 말인지?

부당하고 억울한 일이 수도 없이 많았지만 아무에게도 털어놓을 수 없었다. 해결할 길이 없다는 걸 잘 알고 있었으니까. 그때 장애 학생은 나 혼자이거나 많아야 두세 명이었다. 그리고 장애 인권에 대한 인식도, 〈장애 학생 지원 센터〉 같은 제도도 없을 때였다. 40~50년이 지난 지금은 분명 달라졌고, 달라지고 있다. 지역별로 교육지원청에 〈장애 학생 인권지원단〉이 마련되어 있다. 그것이 제대로 가동이 되었다면 이토록 극심한 차별과 혐오라는 결과로 이어지는 않았을 텐데……. 법에 호소하기 이전에 공적인 지원 체계를 통해 문제 해결이 가능했다면 좋았을 것이다. 학부모도 교사도 있는지조차 모르는 체계라면, 혹은 아무 역할을 못 하는 곳이라면 이번 사건을 계기로 다시 정비할 필요가 있어 보 인다.

가해 교사는 장애 학생 입장에서 살피고 피해 학생에게 적극 사과하고 조치를 취하기를 바란다. 재발을 방지하기 위해 어떠한 노력을 할 것인지 대책을 마련하는 데 앞장서 주었으면 좋겠다. 졸지에 가해자가 되어 법정에 서게 된 그도 당혹스럽고 억울할 줄 안다. 이번 기회에 그도 사람들도 장애 학생의 인권에 더욱 민 감해질 수 있기를 바란다.

나는 특수교사들의 교권을 옹호하고 지지한다. 하지만 어떤 상 황에서도 장애 학생을 학대해도 괜찮은 건 절대 아니다. 장애 학 생을 빼고 장애에 대해 논하지 말자.

장애 학생의 목소리를
먼저 들어야 한다

주호민 작가 자녀 학대 사건이 전개되는 과정에서 장애 학생 입장은 빠져 있었다. 장애 학생을 돌보는 교사의 어려움을 토로하면서 신변 처리 같은 사생활이 공개되었다. 학대는 혼잣말이나 훈육이었다고 했다. 학대를 당한 장애 학생을 지원해 줄 수 있는 공적인 체계는 가동되지 않았다.

**"장애인 역시 배움으로 완성시켜 나가는 존재다.
그 배움의 과정에서 어떠한 위협과 폭력으로부터
자유롭고 안전할 수 있어야 한다.
장애인에게 안전하고 편리한 환경은 모두에게
안전하고 편리하다."**

비장애 형제자매에게

여동생을 못 만난 지 한 달이 넘었다. 외동딸 윤형이가 아기를 낳아 산후조리원에서 2주일을 보내고 친정에 와 있어서다. 아기도 궁금하고 여동생도 보고 싶지만 참았다. 백일해 감염을 우려해 찾아가지 않는 게 좋다. 산모와 아기를 동시에 돌보느라 하루 종일 발을 동동 구르고 있는 여동생과는 가끔 통화만 했다. 그마저도 아기가 울면 통화도 금세 중단된다. 가장 약한 존재인 아기가 최우선 순위다.

윤형이가 직장에 복귀하려면 아직 멀었지만 외할머니인 여동생이 아기를 계속 돌보게 될까 봐 벌써부터 걱정이다. 그는 네 자매중 가장 약골이다. 허리 디스크 수술도 했고 원인 모를 알러지 때문에 응급실도 자주 간다. 그러면서도 30년 넘게 워킹 맘으로서 시부모뿐 아니라 조카 둘까지 돌보았다. 이제 겨우 직장을 그만두고 쉬고 있는데 황혼 육아까지 맡게 된다면 너무 가혹하다.

그래도 만일 자신에게 아기가 맡겨진다면 그는 묵묵히 책임을 다할 사람이다. 여동생은 어릴 적부터 그랬다.

엄마는 나와 여동생을 다르게 대했다. 여동생은 엄마한테 꾸중을 자주 들었다. 동생이 꼭 잘못해서만은 아니었다. 위로는 장애가 있는 언니, 아래로는 유일한 아들인 남동생 사이에서 여동생은 자주 엄마의 화풀이 대상이 되었다. 나는 여동생이 야단맞을 때마다 너무 무서웠다. 별 잘못도 아닌데 무섭게 화를 내는 엄마를 이해할 수 없으면서도 나서서 여동생 편을 들어 주지도 못했다. 엄마는 거역할 수 없는 절대적인 존재였다. 그러면서 여동생이 혼나지 않았으면 하는 마음에 쫓아다니며 잔소리를 했다.

"야, 얼른 집으로 가자. 엄마한테 혼나겠어."

"숙제 좀 빨리 해. 그래야 엄마가 화 안 내지."

그렇다고 맘씨 고운 언니도 아니었다. 물 좀 떠 와라, 가게에서 사탕 좀 사다 달라, 친구 집에서 책 좀 대신 빌려 와라 등등 온갖 심부름을 시켜 대면서 여동생을 귀찮게 했다. 내가 동생을 하녀처럼 부릴 수 있었던 건 순전히 엄마의 권력 덕분이었다. 엄마가 알게 모르게 장애가 있는 언니를 돌보는 착한 동생이 되어야 한다고 강요했기 때문이었다.

하지만 여동생도 만만치 않았다. 여동생은 아무리 엄마한테 야단을 맞아도, 나한테 잔소리를 들어도 친구들과 어울려 어두워질 때까지 밖으로 돌았다. 결혼하기 전 직장 생활을 하면서도 좀처럼 집에 일찍 들어오지 않았다. 밖에서 친구들과 어울리는 게 훨씬 자유롭고 편안했을 터였다. 그게 나름의 생존 방식이었나 보다.

여동생은 나보다 어른스러웠다. 집안이 아닌 다른 세계에서는 인기가 참 좋았다. 싹싹하고 어른스러웠기 때문에 선생님들에게도 인정을 받았고, 친구도 많았다. 운동도 잘했다. 특히 탁구와 스케이트, 달리기 등을 잘해서 선수로 키우고 싶다는 선생님들의 제의가 있었지만 엄마는 꿈쩍도 하지 않았다. 예나 지금이나 자식을 운동선수로 키우려면 상당한 뒷바라지를 해야만 하는데 그 애에게 투자할 금전적, 정신적 여유가 없었던 것이다. 엄마에게는 장애를 가진 딸과 외동아들이 우선이었다.

초등학생 때 여동생에게 장래 희망에 대해 물은 적이 있었다.

"비행기 조종사!"

"뭐? 조종사? 왜? 스튜어디스가 아니고?"

"아니, 스튜어디스가 뭐가 좋아? 만날 생글생글 웃어야 하고. 난 씩씩한 게 좋아. 하늘을 날면 얼마나 신날까?"

비행사를 꿈꿀 만큼 여동생은 당찬 아이였다. 고등학교에 진학할 무렵 여동생은 상업학교에 들어가라는 압력을 받고도 인문계 고등학교에 진학했다. 하지만 대학에는 진학하지 못하고 일찌감치 생활전선에 뛰어들었다. 대학 다닐 때, 그리고 취업을 못 하고 있을 때 나는 여동생에게 용돈을 받아 썼다. 엄마에게 생활비를 드리고 나면 제 용돈도 턱없이 부족했을 텐데……. 너무 어린 나이에 양보와 체념을 배워 버린 탓에 많은 가능성을 접어야 했던 여동생. 그 애는 결혼을 앞두고도 내 걱정을 하며 신랑 앞에서 펑펑 울었다고 한다.

내 장애는 당사자인 나뿐만 아니라 가족 모두에게 깊은 그늘을 만들었다. 장애인의 돌봄을 온통 가족에게만 떠안겼던 사회 탓이었다. 사회가 장애를 포용하는 시스템을 갖추었다면 가족들이 그토록 무거운 짐을 지지 않아도 되었을 것이다. 그런 면에서 나는 여동생에게 큰 빚을 졌고 아직도 그 빚을 갚지 못했다.

김나무 작가의 『조금 불편해도 나랑 노니까 좋지』를 읽었다. 비장애 형제자매 이야기다. 누나 성은은 열 감기를 앓고 난 네 살 때부터 청력을 잃은 동생과 지나온 어린 시절에 대해 조곤조곤 이야기한다. '얼마나 슬펐을까?' '얼마나 힘들었을까?' 사람들은 쉽게 재단한다. 누나 성은도 장애인 가정에서 자란 어린 시절을 "외로움과 고요함, 그리고 혼란으로 가득 차 있었"던 시기로 오랫동안 기억했다.

그러나 김나무라는 필명으로 책을 쓰면서 그 시기에도 분명 "잘 보호받았고 행복한 순간들을 보냈다는 사실이 존재했"음을 깨닫는다. 청각장애 때문에 말싸움을 못 하다 보니 쿵쾅거리며 온몸으로 싸우다 둘 다 혼난 이야기, 동생을 꼬드겨 전기 콘센트에 젓가락을 꽂았다 정전되는 바람에 평소보다 더 무섭게 혼난 이야기는 흔한 남매 이야기와 크게 다르지 않다. 그런데 야영장에 갔다 영화를 보던 중 동생이 없어지자 아빠에게 얻어맞는 누나의 모습은 내 여동생의 아프고 억울했을 어린 시절과 많이 닮아 있었다.

어린 성은은 침대에 누워 있는 엄마를 보고 엄마가 죽을까 봐무서웠다. 그러나 이제 나이를 먹어 그때를 돌아보니 "장애인 아들을 어떻게 보살필지 결정하고 선택의 결과들을 감당해낸 실천의 시간들이" 제대로 보였다. 엄마의 지나온 삶을 존중하고 이해해 보려고 하면서 누나였던 자신의 외로웠던 시간도 위로받는 기분이 들었다고 했다.

내 여동생도 누나 성은처럼 엄마를 이해하게 되었을까? 여동생은 요즘 아흔이 넘은 엄마를 가장 살갑게 보살피는 딸이다. 40년넘게 엄마의 기대와 요구를 충족하느라 지친 큰언니와 나 대신여동생이 나서 주었다. 엄마와 거리를 두어 왔던 여동생은 나와큰언니가 그동안 엄마 때문에 얼마나 힘들었는지 알겠단다. 엄마를 한 인간으로서 이해하게 되고 정성스레 돌보고 있는 여동생의넉넉한 품이 놀랍고 고맙다.

『조금 불편해도 나랑 노니까 좋지』는 누나 성은이 자신을 포함해 모든 비장애 형제들에게 건네는 헌사이자 그동안 잘 성장해줘서 고맙다는 위로와 앞으로도 잘살게 될 것이라는 축복의 언어다. 내 여동생에게도 부디 김나무 작가의 위로와 축복이 닿을수 있기를……. 장애를 지닌 형제자매를 이해해 주고 보살펴 주어야 한다는 부모의 기대에 짓눌리면서 부모의 관심에서는 밀려나 있는 다른 비장애 형제자매들 모두에게도.

성은의 엄마는 동생 같은 장애인을 돌보는 사회복지사나 언어

치료사가 되면 좋겠다고 했지만 작가는 '그냥 누나'가 되기로 결심한다. 슬퍼하고 걱정하고 대책을 세우는 것은 부모님의 몫이었기 때문에 원일의 누나 성은은 동생과 노는 일에 열중했다. 동생에게는 그냥 잘해 주면 된다고 여기면서. 비장애 형제자매이기 때문에 다른 사람은 가 보지 않았을 새로운 길을 만났지만 누나 성은은 뚜벅뚜벅 자기 길을 걷는다. 가장 마음에 드는 대목이다.

김나무 작가는 영어를 모국어로 하는 남자와 결혼했다. 그러나 사람들이 미국인 남편과 장애인 동생을 대하는 태도는 확연히 구분된다. 사람들은 "한국에 살면서 한국어를 능숙하게 하는, 그러나 어떻게 해도 한국인처럼은 말하기 어려운 미국인 남편"은 환대하면서 "한국에 살면서 한국어를 능숙하게 하는, 그러나 어떻게 해도 비장애인처럼은 말하기 어려운 원일이를 보고"는 별 감정을 느끼지 못하거나 느끼더라도 동정이나 연민에 가까운 감정을 느낀다. 어린 시절부터 장애인 동생과 밀접한 관계를 맺고 자라다 보니 인권 감수성이 민감해져서 느껴지는 차별과 혐오의 높은 벽이다.

김나무 작가는 "장애란 무엇인지, 장애는 어디에서 오는지, 장애가 있는 사람이 장애를 어떻게 받아들이는지, 장애가 없는 사람은 장애를 어떻게 받아들이는지, 어째서 세상엔 이렇게 다른 사람들이 섞여서 살고 있는 것인지, 다른 사람을 어떻게 대하는 것이 맞는지, 나 자신을 어떻게 대하는 것이 맞는지"에 대해 계속 질문해 왔다고 한다. 그러나 아무도 가르쳐 주는 사람이 없었다.

특히 자녀의 장애 때문에 슬픔에 빠져 있는 부모에게는 금기처럼 여겨지는 분위기가 있었던 듯하다. 사실 이런 질문은 장애인 동생을 둔 김나무 작가뿐 아니라 차별과 혐오가 만연한 우리 사회 구성원 모두가 궁금히 여겨야 할 사항이다. 작가는 용케도 그 질문들에 대한 답을 찾아낸다. 그리고 그 답을 다정한 누나의 목소리로 우리에게 알려준다.

정신적 장애를 가진 형제자매를 둔 20~30대 청년들의 모임 〈나는(it's about me!)〉이 있다. 〈나는〉에서는 정신적 장애를 가진 형제와 살아가는 것에 대해 이렇게 표현한다.

"형제에 대한 복잡한 감정, 장애 형제가 있는 가정에서 자란 어려움, 나에 대한 부모님의 기대와 차별, 타인의 시선, 그리고 무엇보다도 비장애인인 내가 가지는 죄책감이나 괴로움까지. 형제와 함께 살아온 경험은 다른 누구에게 이해받거나 설명하기 매우 어렵습니다."[*]

비장애 형제자매들이 부모님에게도, 애인에게도, 가장 가까운 친구에게도 나눌 수 없었던 이야기를 꺼내기 시작한 것은 무척 반가운 일이다. 장애인의 형제자매로서 겪은 혼란과 아픔에 대해 이야기하면서 서로 사랑하는 방법, 자기 자신을 사랑할 수 있는 방법을 알아 나가고 있는 비장애 형제자매들. 그들이 더 이상 익

---

[*] https://www.nanun.org/

롭고 힘들지 않을 수 있도록 이제 우리 사회가 장애 형제자매를
돌볼 차례다.

장애인의 형제자매에게도
눈길을!

비장애 형제에게 부모는 동생 같은 장애인을 돌보는 사회복지사나 언어치료사가 되면 좋겠다는 뜻을 내비쳤다. 그러나 그런 사람이 되지 않고 '그냥 누나'가 되기로 결심한다. 동생에게는 그냥 잘해 주면 된다고 여기면서. 비장애 형제자매이기 때문에 다른 사람은 가 보지 않았을 새로운 길을 만났지만 누나 성은은 뚜벅뚜벅 자기 길을 걷는다. 그 결론이 참 마음에 든다.

"세상엔 여러 다른 사람들이 섞여서 살고 있다.
다행히도 다른 사람들을 어떻게 대해야 하고,
나 자신을 어떻게 대해야 하는지에 대해 서로에게
배우며 가르쳐 줄 수 있다.
우리는 서로 연결되어 있으며, 사람에게 답이 있다."

오늘도 차별, 그래도 삶

첫 번째 찍은 날 | 2024년 5월 23일

글 김효진
펴낸이 이명회 | 펴낸곳 도서출판 이후 | 편집 김은주
표지 및 본문 디자인 | 꼬레디자인

ⓒ 김효진, 2024

등록 | 1998. 2. 18.(제13-828호)
주소 | 10449 경기도 고양시 일산동구 호수로 358-25(동문타워 2차) 1004호
전화 | (영업) 031-908-5588 (편집) 031-908-1357 팩스 02-6020-9500
이메일 | smallnuri@gmail.com
블로그 | blog.naver.com/dolphinbook
페이스북 | facebook.com/smilingdolphinbook

ISBN | 978-89-6157-104-3 03300

*저자 김효진은 〈장애예술인 창작활성화 지원〉에 선정되어 이 책을 집필했습니다.